Programación didáctica de acciones formativas para el empleo

Isabel María Márquez Pérez

ic editorial

Programación didáctica de acciones formativas para el empleo

1ª Edición

Editado por: IC Editorial
c/ Cueva de Viera, 2, Local 3
Centro Negocios CADI
29200 Antequera (Málaga)
Teléfono: 952 70 60 04
Fax: 952 84 55 03
Correo electrónico: iceditorial@iceditorial.com
Internet: www.iceditorial.com

ISBN: 978-84-1184-352-2
Depósito Legal: MA-2162-2024

Impresión: PODiPrint
Impreso en Andalucía - España

Nota de la editorial: IC Editorial pertenece a Innovación y Cualificación S. L.

Presentación del manual

El **Certificado de Profesionalidad** es el instrumento de acreditación, en el ámbito de la Administración laboral, de las cualificaciones profesionales del Catálogo Nacional de Cualificaciones Profesionales adquiridas a través de procesos formativos o del proceso de reconocimiento de la experiencia laboral y de vías no formales de formación.

El elemento mínimo acreditable es la **Unidad de Competencia.** La suma de las acreditaciones de las unidades de competencia conforma la acreditación de la competencia general.

Una **Unidad de Competencia** se define como una agrupación de tareas productivas específica que realiza el profesional. Las diferentes unidades de competencia de un certificado de profesionalidad conforman la **Competencia General,** definiendo el conjunto de conocimientos y capacidades que permiten el ejercicio de una actividad profesional determinada.

Cada **Unidad de Competencia** lleva asociado un **Módulo Formativo,** donde se describe la formación necesaria para adquirir esa **Unidad de Competencia,** pudiendo dividirse en **Unidades Formativas.**

El presente manual desarrolla el Módulo Formativo **MF1442_3: Programación didáctica de acciones formativas para el empleo,**

asociado a la unidad de competencia **UC1442_3: Programar acciones formativas para el empleo,**

del Certificado de Profesionalidad **Habilitación para la Docencia en grados A, B y C del Sistema de Formación Profesional.**

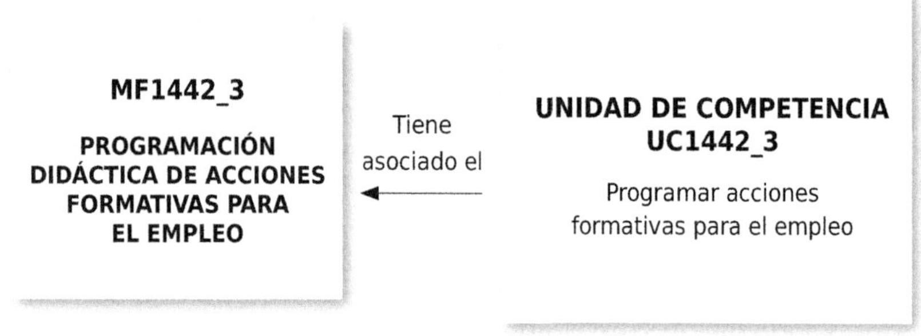

FICHA DE CERTIFICADO DE PROFESIONALIDAD

(SSCE0110) HABILITACIÓN PARA LA DOCENCIA EN GRADOS A, B Y C DEL SISTEMA DE FORMACIÓN PROFESIONAL

(R. D. 1697/2011, de 18 de noviembre, modificado por el R. D. 625/2013, de 2 de agosto)

COMPETENCIA GENERAL: Programar, impartir, tutorizar y evaluar acciones formativas del subsistema de formación profesional para el empleo, elaborando y utilizando materiales, medios y recursos didácticos, orientando sobre los itinerarios formativos y salidas profesionales que ofrece el mercado laboral en su especialidad, promoviendo de forma permanente la calidad de la formación y la actualización didáctica.

Cualificación profesional de referencia	Unidades de competencia		Ocupaciones o puestos de trabajo relacionados
SSC448_3 DOCENCIA DE LA FORMACIÓN PARA EL EMPLEO (R. D. 545/2023, de 27 de junio de 2023)	UC1442_3	Programar acciones formativas para el empleo	• 2329.1010 Formadores de formación no reglada • 2329.1029 Formadores de formación ocupacional no reglada • 2329.1029 Formadores ocupacionales • 2329.1029 Formadores para el empleo • 2321.1034 Formador de formadores • Docentes teleformadores • Docentes de formación profesional para el empleo
	UC1443_3	Gestionar los materiales, medios y recursos didácticos para el desarrollo de contenidos formativos	
	UC1444_3	Impartir acciones formativas para el empleo	
	UC1445_3	Evaluar el proceso de enseñanza-aprendizaje en las acciones formativas para el empleo	
	UC1446_3	Facilitar información y orientación laboral	
	UC2689_3	Tutorizar acciones formativas para el empleo	

Correspondencia con el Catálogo Modular de Formación Profesional		
Módulos certificado	**Unidades formativas**	**Horas**
MF1442_3: Programación didáctica de acciones formativas para el empleo		60
MF1443_3: Selección, elaboración, adaptación y utilización de materiales, medios y recursos didácticos en formación profesional para el empleo		90
MF1444_3: Impartición y tutorización de acciones formativas para el empleo	UF1645: Impartición de acciones formativas para el empleo	70
	UF1646: Tutorización de acciones formativas para el empleo	30
MF1445_3: Evaluación del proceso de enseñanza-aprendizaje en formación profesional para el empleo		60
MF1446_3: Orientación laboral y promoción de la calidad en la formación profesional para el empleo		30
MP0353: Módulo de prácticas profesionales no laborales de Docencia en la formación para el empleo		40

Índice

Unidad de Aprendizaje 3

Elaboración de la programación didáctica de una acción formativa en formación para el empleo

Unidad de Aprendizaje 4

Elaboración de la programación temporalizada de la acción formativa

OBJETIVOS GENERALES

El objetivo general del **módulo formativo MF1442_3: Programación didáctica de acciones formativas para el empleo,** es:

- Programar acciones formativas para el empleo.

Unidad de Aprendizaje 1

Estructura de la formación profesional

Contenido

1. Introducción
2. Sistema nacional de cualificaciones: catálogo nacional de las cualificaciones y formación modular, niveles de cualificación
3. Programas formativos: estructura del programa. Subsistema de la formación profesional para el empleo: características y destinatarios. Formación de demanda y de oferta. Características
4. Subsistema de formación profesional reglada: ciclo formativos de formación profesional, grado d: características, destinatarios y duración (programas de cualificación profesional inicial y ciclos formativos)
5. Proyectos formativos en la formación en alternancia con el empleo: estructura y características. Carácter dual de la formación profesional y modalidades
6. Resumen

Objetivos

Los objetivos específicos de esta Unidad de Aprendizaje son:

- Reconocer cuál es la información de los proyectos formativos para desarrollar la acción.
- Interpretar la normativa para extraer las características de la acción a programar.
- Identificar la normativa relacionada con la Formación Profesional para el Empleo en las modalidades presencial y *online*.
- Analizar la metodología de la formación presencial y *online*.

1. Introducción

Desde la entrada de España en la Comunidad Económica Europea el **1 de enero de 1986,** la sociedad española ha sufrido un **proceso de convergencia hacia las políticas europeas** en diferentes aspectos de la sociedad: desde la creación de una moneda única a la eliminación de las fronteras nacionales y el libre tránsito de personas y mercancías, por ejemplo. Estos procesos se han desarrollado bajo el auspicio de diferentes legislaciones europeas que han sido **traspuestas y adaptadas a la legislación nacional.** De igual modo, se hace necesaria la adaptación de una política común en materia de formación que asegure las capacitaciones de los diferentes profesionales y, a su vez, un mercado único de trabajo que facilite la movilidad de trabajadores entre los diferentes estados que conforman la Unión.

Al amparo de estas nuevas necesidades se desarrolló el Sistema Nacional de Cualificaciones Profesionales, al que ahora con la Nueva Ley Orgánica 3/2022, de 31 de marzo, de ordenación e integración de la Formación Profesional se ha dado un nuevo giro, realizando mejoras y adaptaciones en algunos aspectos para adaptarse a las nuevas necesidades del mercado laboral.

Para ello nos basaremos en el caso del centro de formación Paideia, que se está preparando para impartir certificados profesionales. Antes de comenzar con su elaboración será preciso conocer el marco normativo y su contextualización.

A través de esta unidad de aprendizaje conocerás en qué consiste, las modalidades y sus características.

2. Sistema nacional de cualificaciones: catálogo nacional de las cualificaciones y formación modular, niveles de cualificación

Jorge es la persona especializada en Formación Profesional. En primer lugar, va a comenzar explicando cómo se define y estructura el Sistema Nacional

Continúa en página siguiente >>

<< Viene de página anterior

de Cualificaciones y cómo se articula el Catálogo Nacional de Estándares de Competencias Profesionales y formación modular, sus niveles y competencias, para orientar al conjunto de docentes que se encargarán de dar vida a las acciones formativas.

Recientemente, en base a la Ley Orgánica 3/2022, de 31 de marzo, de ordenación e integración de la Formación Profesional, se ha cambiado la denominación de Catálogo Nacional de Cualificaciones Profesionales (CNCP) a Catalogo Nacional de Estándares de Competencias profesionales, aludiendo a la alineación de la denominación del significado que tiene para los países de la Unión Europea, así como para evitar errores de interpretación con el término cualificación.

Con la nueva Ley se reformula la Formación Profesional para adaptarla al contexto europeo.

Además se reformula el Catalogo Modular de la Formación profesional y se incluye el Catálogo Nacional de Ofertas de Formación Profesional, como elemento de nueva creación.

PARA SABER MÁS

Para conocer el texto legislativo completo puedes acceder al siguiente enlace:

Continúa en página siguiente >>

<< Viene de página anterior

https://redirectoronline.com/mf14420144

2.1. El catálogo nacional de estándares de competencias profesionales

El Catálogo Nacional de Estándares de Competencias Profesionales se pasa a **definir** como:

El instrumento del Sistema Nacional de Formación Profesional que ordena los estándares de competencias profesionales identificados en el sistema productivo, en función de las competencias apropiadas y el estándar de calidad requerido para el ejercicio profesional, susceptibles de reconocimiento y acreditación.

Las **funciones** que se determinan para dicho Catálogo son las siguientes:

- Identificará, clasificará y ordenará las competencias propias del mercado laboral significativas para la economía productiva con validez en todo el territorio nacional. En este Catálogo se incluirán además aquellos perfiles que requieran una especial protección, bien sea debido a su valor cultural o patrimonial.
- Servirá de base para la acreditación de competencias profesionales adquiridas por experiencia laboral u otras vías no formales o informales de formación.

Continúa en página siguiente >>

<< Viene de página anterior

> Proporcionará la base para el diseño de los módulos profesionales y la creación de ofertas de formación profesional, basadas en itinerarios; estos itinerarios serán acumulables y acreditables a lo largo de la vida, y proporcionarán la movilidad en el mercado de trabajo internacional sobre la base de transparencia, equivaldrán además a los marcos comunes de formación profesional de la Unión europea.

El nuevo **Catálogo Nacional de Estándares de Competencias Profesionales** se organizará en base a estándares de competencia, por arreglo a niveles y a familias profesionales, que contendrán sus respectivos indicadores de calidad. Para el establecimiento de indicadores de calidad se tendrá en cuenta las siguientes indicaciones:

- Los niveles 1, 2 y 3 asignados a cada estándar de competencia seguirán los criterios de conocimientos, iniciativa, autonomía, responsabilidad y complejidad de tareas, comúnmente establecidos a escala europea.
- La definición de las familias profesionales se hará en base a criterios orientativos y de organización del sistema, por afinidad de la competencia profesional, pudiendo darse que un estándar de competencia esté asociado a más de una familia profesional.
- Los estándares de competencia serán las unidades básicas para el diseño de la formación y para la acreditación de competencias adquiridas por experiencia laboral u otros medios, no formales o informales.
- Los estándares de competencia se componen de los elementos de competencia, que son las unidades que identifican las realizaciones profesionales incluidas en ellos.
- Los estándares de competencia podrán tener carácter transversal cuando se refieran a competencias asociadas a múltiples desempeños profesionales.

La organización del Catálogo favorecerá la adaptación al contexto internacional, especialmente al contexto europeo.

En la normativa se destaca que la inclusión de los estándares en el Catálogo no supone ninguna regulación de los ejercicios profesionales ni afecta al contenido de las relaciones laborales.

Con la creación del Catálogo se buscará que sea usable como herramienta en la empleabilidad de las personas, facilitando una mejor visión del conjunto de sus competencias y de sus potencialidades.

Se promoverá también el uso del catálogo por las personas empleadoras para la búsqueda y definición de perfiles profesionales.

2.2. Catálogo modular de formación profesional

El Catálogo Modular de Formación Profesional se definirá en la nueva legislación como:

El instrumento del Sistema Nacional de Formación Profesional que ordena los módulos profesionales de formación profesional asociados a cada uno de los estándares de competencias profesionales.

Las **funciones** de dicho catálogo son las siguientes:

- Determinar los módulos profesionales vinculados a cada uno de los estándares de competencias profesionales recogidos en el Catálogo Nacional de Estándares de Competencias Profesionales.
- Operar como referencia obligada para el diseño de las ofertas del Catálogo Nacional de Ofertas de Formación Profesional.

Para la organización de su contenido se respetarán los niveles y las familias profesionales definidas para el Catálogo Nacional de Estándares de Competencias Profesionales, con sus relativos indicadores de calidad. Asimismo se mantendrá la vinculación entre cada estándar de competencia y su formación asociada, agregada en un módulo profesional.

En cada módulo profesional deberá mantener la identificación de cada estándar de competencia, y además se deberán detallar los resultados de aprendizaje vinculados a cada estándar de competencia y los criterios de evaluación.

2.3. Catálogo nacional de ofertas de formación profesional

El catálogo Nacional de Ofertas de formación Profesional se define como:

> *El instrumento del Sistema Nacional de Formación Profesional que incorpora todas las ofertas de formación profesional reconocidas y acreditables en el marco del sistema.*

Las **funciones** con las que se crea dicho catálogo son las siguientes:

- Determinará el conjunto de acciones formativas dirigidas a capacitar formalmente para el desempeño cualificado de diversas profesiones, el acceso al empleo y la participación activa en la sociedad, la vida cultural y económica.
- Establecerá acciones formativas dirigidas a acreditar formalmente las competencias profesionales adquiridas por las personas derivadas del catálogo nacional de estándares de competencias profesionales, establecido en el marco del sistema de formación profesional.
- Coordinará las diversas ofertas de formación.
- Fijará la oferta formativa vinculada al catálogo nacional de ofertas deformación profesional.

Los requisitos que deberán reunir las ofertas de formación profesional vinculadas al catálogo son:

- Cubrir las necesidades formativas de cualificación del alumnado en formación, de las personas trabajadoras ocupadas y/o desempleadas que necesiten adquirir, ampliar y/o actualizar sus competencias profesionales, mediante una formación ajustada a los requerimientos del sistema productivo, que les permita la inserción, o reinserción al mercado laboral y la reorientación en su itinerario profesional.
- Ser acreditable, tener carácter modular y ser acumulable, permitiendo el progreso en itinerarios formativos tendentes a acreditaciones, certificados y titulaciones con reconocimiento estatal y en el marco europeo.
- Contar con niveles de referencia en el marco español y en el marco europeo de cualificaciones profesionales.

IMPORTANTE

Las ofertas formativas estarán incluidas en el Catálogo Nacional de Ofertas de Formación Profesional. Cada oferta de formación profesional se diseñará a partir de los módulos profesionales asociados a cada estándar de competencia del Catálogo Nacional de Estándares de Competencias Profesionales, y que constituyen el Catálogo Modular de Formación Profesional.

El **Catálogo Nacional de Ofertas de Formación Profesional** integrará las ofertas vinculadas al Sistema de formación Profesional, y se estructurará del siguiente modo:

- Una serie de grados, de forma vertical y escalonada; en función de la amplitud de la formación a proporcionar, los grados se establecerán como A, B, C, D y E.
- Una asignación en niveles: 1, 2 y 3, según lo previsto en el catálogo de estándares.
- En base a esta estructura se generarán una serie de itinerarios formativos de carácter ascendente. De manera que se permita la progresión y se facilite la continuidad en la formación.
- Todas las ofertas tendrán carácter acreditable y acumulable, permitirán el progreso en itinerarios de formación conducentes a acreditaciones, certificados y titulaciones con reconocimiento estatal y europeo.
- Las ofertas formativas podrán estar conformada por un único elemento de competencia o contener varios estándares, manteniendo un carácter acumulativo sumativo.
- Los títulos, certificados y acreditaciones derivados de las ofertas de formación profesional tendrán carácter oficial y validez en todo el territorio nacional, siempre que incluyan, al menos, un resultado de aprendizaje del Catálogo Modular de Formación Profesional vinculado a un elemento de competencia incluido en un estándar de competencia profesional, y que sean impartidos por centros de formación profesional.
- Los títulos serán expedidos por las administraciones competentes y tendrán los efectos que correspondan con arreglo a la normativa de la Unión Europea relativa al sistema general de reconocimiento de la formación profesional en los Estados miembros y los Estados signatarios del Acuerdo sobre el Espacio Económico Europeo.
- En cada uno de los títulos, certificados y acreditaciones se incluirán el detalle de los correspondientes estándares de competencia profesional o elementos de competencia y los acreditarán a quienes los hayan ob-

tenido y, en su caso, surtirán los correspondientes efectos académicos y profesionales según la legislación aplicable.

	- Grado de dificultad +				
- **Grado de dificultad** +	GRADO A	GRADO B	GRADO C	GRADO D	GRADO E
	NIVEL 1	NIVEL 1	NIVEL 1	NIVEL 1	NIVEL 1
	NIVEL 2	NIVEL 2	NIVEL 2	NIVEL 2	NIVEL 2
	NIVEL 3	NIVEL 3	NIVEL 3	NIVEL 3	NIVEL 3

2.4. El currículo y los elementos básicos

La Ley Orgánica 3/2022, de 31 de marzo, establece en sus líneas que todo el currículo de la formación profesional tendrá como objetivo el de facilitar el desarrollo profesional de las personas, promoviendo para ello su formación integral y contribuyendo al desarrollo de su personalidad en todas las dimensiones.

También establece como objetivo del currículo de la formación profesional el fortalecimiento económico del país, del tejido productivo y su posicionamiento en la nueva economía, a partir de la cualificación de la población activa y la satisfacción de sus necesidades relativas a la formación, a medida que esta se vaya produciendo.

Para conseguir tales logros la ley prevé la inclusión de contenidos de los siguientes tipos:

Culturales
Científicos
Tecnológicos y organizativos
Contenidos vinculados a la digitalización
Contenidos vinculados a la defensa de la propiedad intelectual e industrial
Contenidos vinculados a la sostenibilidad

Continúa en página siguiente >>

<< Viene de página anterior

Contenidos vinculados a la innovación e investigación aplicada
Contenidos para el emprendimiento
Contenidos para la versatilidad tecnológica
Contenidos para la mejora de las habilidades para la gestión de la carrera profesional
Contenidos para la mejora de las relaciones laborales
Contenidos vinculados a la prevención de riesgos laborales y medioambientales
Contenidos vinculados a la responsabilidad profesional
Contenidos para la mejora de las habilidades interpersonales
Contenidos vinculados a los valores cívicos y la participación ciudadana
Contenidos para la igualdad efectiva entre hombres y mujeres

El contenido básico del currículo deberá mantenerse actualizado y definirá las enseñanzas mínimas; tendrá por finalidad asegurar una formación común que garantice la validez estatal de los títulos, los certificados y acreditaciones correspondientes.

No obstante, lo dispuesto en el párrafo anterior, el currículo de las ofertas de Grado D y E se regirá por lo dispuesto en la Ley Orgánica 2/2006, de 3 de mayo, de Educación.

PARA SABER MÁS

En el siguiente enlace puede ver actualizado el catálogo de Ofertas de Formación Profesional por familias profesionales.

https://redirectoronline.com/mf14420145

APLICACIÓN PRÁCTICA

Miguel trabaja como profesor en un centro de Formación Profesional homologado para la realización de pruebas de acceso a los módulos de Formación Profesional. Recientemente, en su centro se están poniendo al corriente con el sistema de Grados y Niveles que determina la Ley Orgánica 3/2022, de 31 de marzo, de ordenación e integración de la Formación Profesional; el Jefe de estudios le ha pedido que organice los siguientes grados y niveles en base a su complejidad técnica de menor a mayor grado de complejidad. Y que justifique su respuesta.

- **Grado A nivel 1**
- **Grado C nivel 1**
- **Grado E nivel 1**
- **Grado C nivel 2**
- **Grado B nivel 2**
- **Grado D nivel 3**

Solución

- Grado A nivel 1
- Grado B nivel 2
- Grado C nivel 1
- Grado C nivel 2
- Grado D nivel 3
- Grado E nivel 1

Los niveles de complejidad de los grados de menor a mayor son: A, B C, D y E. Por orden de nivel son de menor a mayor: 1, 2 y 3.

3. Programas formativos: estructura del programa. Subsistema de la formación profesional para el empleo: características y destinatarios. Formación de demanda y de oferta. Características

HILO CONDUCTOR

Para Jorge será importante trasmitir al conjunto de docentes cómo se articula la nueva Ley de Formación Profesional, ya que esta va a organizar en un nuevo modelo las categorías de Formación Profesional, y el alumnado que tendrán en las acciones formativas necesitará de orientación para elegir correctamente un itinerario profesional adecuado para ellos.

En la reciente Ley Orgánica 3/2022, de 31 de marzo, de ordenación e integración de la Formación Profesional, se establece la tipología de ofertas de Formación Profesional en base a grados, estos grados se denominan de la siguiente manera:

En cada uno de estos grados se establecen las ofertas formativas vinculadas al Catálogo de Estándares de Competencias Profesionales, en los niveles 1, 2 y 3.

A continuación, vamos a detallar cómo quedan configurados los grados A, B y C del sistema de formación profesional.

3.1. Grado A. Acreditación parcial de competencia

Esta oferta formativa constituye la base del actual sistema de Formación Profesional. Tiene carácter parcial y es acumulable, una vez demostrados los requerimientos se obtendrá una Acreditación Parcial de Competencia.

El contenido de la acreditación parcial de competencia podrá constar de uno o de varios elementos de los módulos profesionales contemplados en el Catálogo Modular de Formación Profesional y vinculados al Catálogo Nacional de Estándares de Competencias Profesionales. Las administraciones deberán garantizar la complementariedad de los elementos de competencia, en el caso de que la acreditación parcial de competencia esté referida a un único elemento.

Dentro de la normativa no es posible establecer una duración mínima o estándar para la obtención de dicha acreditación, ya que dependerá en todo caso de la carga horaria que se establezca para la formación de forma específica, por parte de las administraciones competentes. Asimismo las administraciones podrán establecer formaciones de Grado A conducentes a acreditaciones parciales de competencias diferentes de las previstas con carácter general, con el fin de atender a perfiles profesionales específicos.

Para la realización de formaciones de Grado A, no se especifican requerimientos formativos previos, ni académicos ni profesionales. Sin embargo, si se establece que se deben poseer las competencias lingüísticas y habilidades comunicativas básicas, que aseguren que se pueda cursar la acción con garantías, en función del nivel de competencias que se curse (1, 2 o 3).

La titulación obtenida con la superación de la formación de Grado A tendrá validez en todo el territorio nacional, será otorgada por la administración competente y tendrán efecto desde su inscripción en el Registro Estatal de Formación profesional.

La superación de todas las acreditaciones parciales de competencia, correspondientes a todas las competencias especificadas para un estándar de competencia profesional, supondrá la obtención de un Grado B, o Certificado de Competencia.

NOTA

Las acreditaciones parciales de competencia son "microformaciones" que conforman la base del actual sistema de Formación Profesional.

3.2. Grado B. Certificado de competencia

Al igual que en el caso anterior, el Grado B está referida a una acción formativa que será parcial y acumulable; en este caso su acreditación corresponderá a un certificado de competencia. Su acreditación podrá obtenerse tras cursar una formación de Grado B de forma específica o por la acumulación de una serie de acreditaciones de competencia referidas a un módulo profesional completo.

En cuanto a su estructura, duración y requisitos de acceso, tampoco se establece una normalización para la misma, ya que se establecerá en función de la carga horaria que sea necesaria para cada acción formativa de forma particular. Igualmente estará estructurado en tres niveles de competencia (1, 2 y 3); serán necesarias las habilidades lingüísticas y de comunicación pertinentes para poder cursar cada uno de estos módulos, sin establecerse un requisito previo de acceso más allá de estas.

La acreditación de la superación de una formación de Grado B será expedida por el organismo pertinente; se podrá obtener en base a la superación de dicha formación o a la acreditación de todas las acreditaciones parciales que conformen un módulo completo.

Tras cursar una formación de Grado B se obtendrá a titulación de Certificado de Competencia.

3.3. Grado C. Certificado profesional

Constituye la oferta formativa referida a varios módulos profesionales del catálogo modular de formación profesional; como en los casos anteriores, se trata de una formación parcial y acumulable. El grado C podrá obtenerse por la superación de esta formación o por la superación de las acciones formativas correspondientes a los grado B, tantos como sean necesarios para completar la modalidad.

Las ofertas formativas de grado C deberán estar incluidas en el catálogo modular de formación profesional y asociadas al catálogo de estándares de competencias profesionales. Se determinarán dichas ofertas formativas atendiendo a los elementos de significación del mercado laboral y quedarán incluidas en el catálogo de ofertas de formación profesional. Las administraciones tendrán flexibilidad para conformar la oferta de formación profesional y los certificados tendrán validez en todo el territorio nacional.

En cuanto a la estructura y duración de las ofertas formativas de grado C serán variables, dependiendo del número de horas que se requieran para poder superar los conocimientos propuestos. En los aspectos relativos a la formación, hay que especificar que deberá contener un periodo de formación en una empresa u organismo similar; de esto quedarán exentas las personas que puedan acreditar dichas horas de formación en empresa con experiencia laboral que sea similar.

En cuanto a los requisitos para el acceso no se propone ninguno de forma específica para las ofertas de grado C nivel 1, más que el adecuado desenvolvimiento en el idioma y habilidades de comunicación apropiadas.

Para el acceso al grado C nivel 2 se propone como necesario: el graduado en ESO, tener acreditado un certificado profesional de nivel 2, la acreditación de un certificado de competencia incluido en la oferta a realizar o una acreditación de un certificado profesional de nivel 1 de la misma familia profesional.

Para el acceso al grado de nivel 3 será requerimiento estar en posesión del título de Bachiller, de técnico, tener acreditado un certificado profesional de nivel 3, la acreditación de un certificado de competencia incluido en la oferta a realizar o haber realizado previamente un certificado de nivel 2 de la misma familia profesional.

APLICACIÓN PRÁCTICA

Fátima, de origen migrante, tiene 45 años y lleva varios años en España; domina el idioma perfectamente. Tiene acreditado un certificado profesional de nivel 2 en peluquería, no tiene la titulación en ESO porque dejó los estudios sin obtener la titulación y ahora está pensando en continuar con su formación para obtener el Certificado Profesional de su especialidad, ¿sería posible sin tener el título de graduado en ESO? Indica qué nivel podría acceder.

Solución

Sí, porque Fátima tiene habilidades lingüísticas, por lo que podría acceder a un certificado profesional de nivel 1. No obstante, como especifica que tiene acreditado un certificado profesional de nivel 2, podría acceder a un certificado profesional de nivel 3 de la misma familia profesional.

3.4. Formación de demanda y formación de oferta

☞ HILO CONDUCTOR

Desde la academia Paideia se están planteando la posibilidad de seguir realizando las acciones formativas de Formación de Oferta y Demanda que ofrecían a las empresas, es por ello que se disponen a conocer en profundidad la normativa que las regula.

La formación de demanda: características

La formación de demanda se caracteriza por **responder a las necesidades de formación** en las empresas. La formación impartida a través de estas acciones formativas deberá guardar siempre relación con la actividad económica de la empresa y podrá ser de carácter general o específica.

La formación de demanda se **financia mediante un sistema de bonificaciones en las cuotas de la Seguridad Social** que ingresan las empresas. Las **empresas** dispondrán de un **crédito para la formación de sus trabajadores,** cuyo importe resultará de aplicar a la cuantía ingresada en concepto de Formación Profesional del año anterior el porcentaje que anualmente se establezca en la Ley de los Presupuestos Generales del Estado. Dicho porcentaje se calculará en función del tamaño de la empresa; así cuanto menor sea esta, mayor será dicho porcentaje.

En todo caso, se garantizará un **crédito mínimo,** que podrá ser superior a la cuota establecida en concepto de Formación Profesional ingresada por la empresa a la Seguridad Social.

Las empresas que durante el ejercicio presupuestario abran nuevos centros de trabajo y las empresas de nueva creación podrán beneficiarse de dichas bonificaciones cuando incorporen a nuevos empleados a la plantilla. Estas empresas dispondrán de un crédito de bonificaciones que resultará de la aplicación al número de trabajadores de nueva incorporación de la cuantía que determine la Ley de Presupuestos Generales del Estado.

A continuación, se muestran las **acciones que la conforman:**

Las acciones formativas de las empresas son acciones diseñadas para cubrir las necesidades formativas de la misma.

Por otro lado, los Permisos Individuales de Formación (PIF) son acciones formativas reconocidas mediante acreditación oficial.

Las empresas que concedan permisos individuales a los trabajadores dispondrán de un **crédito de bonificaciones adicional**, hasta alcanzar el límite de disponibilidad presupuestaria autorizada en la Ley de Presupuestos Generales del Estado.

APLICACIÓN PRÁCTICA

Imagina el caso de Andrés. Trabaja desde hace 7 años como Director de un Centro Infantil de primer ciclo, dedicado al cuidado y educación de niños con edades comprendidas entre los 0 y 3 años. Pese a ser un reconocido profesional no tiene la titulación oficial exigida, ya que aún le quedan 3 asignaturas para terminar el Grado en Magisterio. El gerente del centro educativo donde trabaja le ha propuesto que se matricule en la Universidad para cursar estas asignaturas.

¿Podría bonificarse esta formación como Permiso Individual de Formación?

- **a. No, ya que es una titulación universitaria, y como tal no puede acogerse a este tipo de permiso de formación.**
- **b. Sí, al ser una titulación oficial expedida por las Administraciones educativas, con validez en todo el territorio nacional y publicada en el BOE.**

Continúa en página siguiente >>

<< Viene de página anterior

SOLUCIÓN

El **Permiso Individual de Formación** es el permiso retribuido y autorizado por la empresa a un trabajador, para la realización de un curso, dirigido a la obtención de un título oficial (Artículo 21. Orden TAS 2307/2007 del 27 de julio).

Se bonificarán los costes salariales correspondientes a las horas laborales que el trabajador invierta en su formación.

Los requisitos de la formación para solicitar un Permiso Individual de Formación deben ser:

- Acreditación oficial, titulación oficial, títulos de formación profesional y certificados de profesionalidad; acreditación de competencias para el ejercicio de una ocupación u oficio o reconocimiento de la experiencia profesional.
- No debe estar incluida en los cursos desarrollados por la empresa.
- La modalidad de impartición debe ser en todo o parte presencial.

Algunos **ejemplos de formación** que pueden cursarse con **PIF** son los siguientes:

a. ESO/ Bachiller/ Formación Profesional del Sistema Educativo.
b. Certificados Profesionales.
c. Carnés profesionales: Instalador frigorista autorizado, Instalador autorizado de instalaciones de suministro de agua en los edificios, Instalador de gas (con cuatro categorías diferentes).
d. Grados superiores.
e. Doctorados.
f. Escuelas Oficiales de Cerámica, Idiomas etc.
g. Carnés de conducir C1, C1+E, C+E, D1+E, D o D+E.
h. Conservatorios profesionales de Música o Danza.
i. Técnico Superior en Prevención de Riesgos Laborales.
j. Acceso a la Formación Profesional para mayores de 25 años.
k. Acceso a la universidad para mayores de 25 años.

RECUERDA

Las administraciones competentes garantizarán en todo caso un crédito mínimo para las bonificaciones.

Para la **ejecución de las acciones formativas,** las empresas podrán organizar y gestionar la formación de sus trabajadores por sí mismas, o bien contratando la formación con centros o entidades especializadas. De igual modo, las empresas podrán agruparse para la formación de sus trabajadores, previo acuerdo escrito que deberá ser comunicado junto con la información relativa a cada acción y grupo.

La formación de la oferta: características

HILO CONDUCTOR

Julia, docente del centro de formación Paideia, pregunta a Jorge, quién es el organismo oficial que regula la formación profesional, o si cada centro acreditado es el encargado de revisar y desarrollar esta formación.

Jorge le indica que son las administraciones las encargadas de crear, ampliar, revisar y garantizar la accesibilidad al Sistema de Formación Profesional.

Este tipo de formación tendrá por objeto **ofrecer a los trabajadores, tanto ocupados como desempleados, una formación ajustada a las necesidades del mercado laboral** y que atienda a los requerimientos de productividad y competitividad de las empresas y a las aspiraciones de promoción profesional y desarrollo personal como medio para desempeñar diferentes profesiones y para el acceso al empleo. Serán las administraciones laborales las encargadas de garantizar que la formación profesional para el empleo sea amplia, permanente y accesible.

La formación contribuye al crecimiento personal del empleado y, por consecuencia, de la empresa.

A través de la formación de oferta se **incentivará y facilitará** la participación y acceso de los trabajadores a la oferta formativa que conduzca a la **obtención de los certificados profesionales.** Por ello, se establecerá una formación modular que favorezca las acreditaciones parciales y acumulables.

Asimismo, las administraciones competentes desarrollarán una oferta formativa que cubra los ámbitos ocupacionales que aún no dispongan de certificado profesional. El organismo encargado de mantener actualizado el fichero de especialidades formativas será el Servicio Público de Empleo Estatal.

La planificación de la oferta formativa será realizada por el ministerio correspondiente, el cual elaborará una publicación extendida a varios años donde se determinarán las **prioridades, objetivos generales y recomendaciones** a tener en cuenta. La gestión y programación de los diferentes programas en base a los colectivos a los que se dirige se realizará por parte de la administración estatal y de las comunidades autónomas.

Dentro de la formación de oferta se encuentran los planes de formación dirigidos prioritariamente a trabajadores ocupados y desempleados.

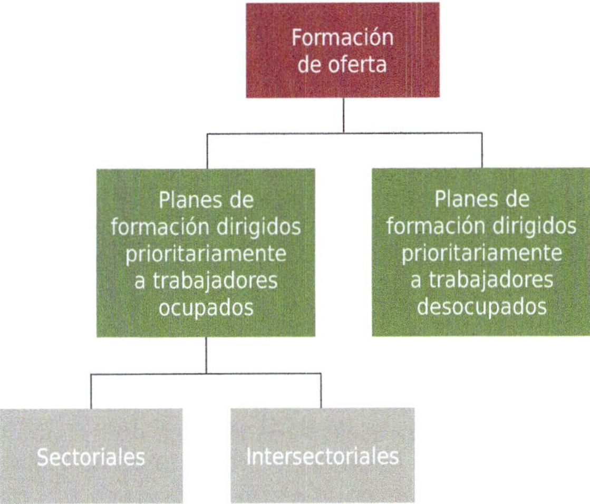

Los **planes de formación dirigidos prioritariamente a trabajadores ocupados** podrán ser **intersectoriales,** cuando estén dirigidos a la formación en competencias a varios sectores de la actividad económica, o **sectoriales,** los cuales comprenderán acciones formativas dirigidas a la formación de los trabajadores en un sector productivo en concreto.

A **nivel estatal,** la ejecución de los planes se llevará a cabo mediante convenios suscritos en el ámbito del Sistema Nacional de Empleo, entre el Servicio Público de Empleo Estatal con organizaciones empresariales o sindicales. En el **ámbito autonómico,** los convenios serán establecidos entre las organizaciones empresariales y sindicales y las respectivas administraciones autonómicas.

La formación evita el estancamiento profesional mediante el reciclaje o la posible reinserción laboral

Por su parte, el objetivo prioritario de las **acciones de formación dirigidas prioritariamente a trabajadores desocupados es la inserción o reinserción laboral** de los trabajadores desempleados en aquellos empleos que requiere el sistema productivo. Estas acciones formativas serán programadas por los órganos competentes de las comunidades autónomas.

En esta oferta formativa se tendrán que incluir aquellas acciones que conduzcan a la obtención de los **certificados profesionales.**

Se potenciarán acuerdos con empresas, tanto públicas como privadas, con el objetivo de favorecer la realización de **prácticas profesionales** (incluidas las internacionales). Sin que estas supongan en ningún caso la existencia de relaciones laborales entre los alumnos y las empresas. Las empresas podrán recibir una compensación económica por alumno/hora de práctica.

Los **trabajadores desempleados** que participen en estas acciones formativas **podrán percibir ayudas** en concepto de transporte, manutención y alojamiento. Igualmente, podrán establecerse ayudas que faciliten la conciliación del cuidado de hijos menores de 6 años o familiares dependientes. Estas ayudas o becas se establecerán en régimen de concesión directa.

ACTIVIDAD COMPLEMENTARIA

1. Visiona el siguiente vídeo sobre el desajuste entre el nivel de formación y la tasa de empleo existente en España.

https://redirectoronline.com/mf14420109

A continuación, responde a la siguiente cuestión: ¿Qué motivos crees que explican esta situación?
Teniendo en cuenta los tipos de iniciativas de formación que se han desarrollado en el contenido, has de identificar qué estrategias de formación deben diseñarse y para qué colectivos.

PARA SABER MÁS

Para informarse más a fondo sobre la formación de oferta y demanda y las bonificaciones empresariales puedes acceder al siguiente enlace de la Fundación Estatal para la Formación en el Empleo:

https://redirectoronline.com/mf14420147

4. Subsistema de formación profesional reglada: ciclo formativos de formación profesional, grado D: características, destinatarios y duración (programas de cualificación profesional inicial y ciclos formativos)

HILO CONDUCTOR

La nueva organización de la Formación Profesional Reglada resultará muy interesante para poder ajustar las acciones formativas al grado y nivel de cada alumno, por lo que será necesario para la Academia conocer las características de las acciones, así como los requisitos de acceso para el alumnado, para poder preparar, en caso de ser necesario las correspondientes pruebas de acceso.

Con la Ley Orgánica 3/2022, de 31 de marzo, de ordenación e integración de la Formación Profesional, los ciclos formativos de grado básico, medio y superior pasan a estar englobados dentro de los ciclos formativos de Grado D, por lo que el subsistema de formación profesional reglada estaría incluido bajo esta denominación.

Por otro lado, la oferta formativa de los programas de cualificación profesional inicial estarían ahora recogidos en los grados A, B y C, en los que se incluye con un carácter acumulable y modular las acreditaciones parciales de competencia, certificados de competencia y certificados profesionales.

4.1. Grado D. Ciclos formativos de formación profesional

La Ley Orgánica 2/2006, de 3 de mayo de Educación reglaba el sistema de formación profesional estableciendo 3 grados formativos: básico, medio y superior. El Grado D establecido en la nueva Ley de Formación Profesional viene a corresponderse con este sistema de formación profesional, manteniendo la esencia de la misma, pero aplicando algunas mejoras al sistema.

Se establece que los ciclos formativos de formación profesional deberán tener un carácter modular y estar referidos al Catálogo Nacional de Estándares de Competencias Profesionales y al Catálogo Modular de Formación Profesional. En los tres grados (básico, medo y superior) en la medida en que se determine y regule deberán contener una fase de formación en empresa u organismo equiparable, que podrá ser convalidada en el caso de poder demostrar experiencia laboral.

Todos los ciclos de formación profesional: básico, medio y superior tendrán una fase de formación dual en empresa u organismo equiparado, en la medida en que se determine para cada uno de ellos.

En la Ley Orgánica 3/2022, de 31 de marzo, de ordenación e integración de la Formación Profesional se determina también la posibilidad de establecer titulaciones dobles basadas en titulaciones del Catálogo Nacional, o dobles titulaciones internacionales.

ACTIVIDAD COMPLEMENTARIA

2. Realiza una búsqueda en internet y elige al menos tres ofertas de titulaciones dobles de formación profesional a nivel internacional.

Los ciclos formativos tendrán una organización modular en la que se integrarán los resultados del aprendizaje adecuado a los diferentes campos profesionales en los que se incluyan:

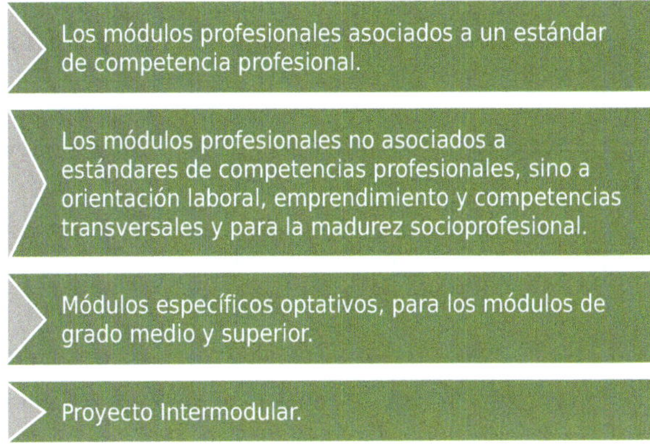

El proyecto Intermodular

Se configura con un elemento integrador de los conocimientos incorporados en los módulos que configuran los ciclos formativos, con especial atención a los elementos incluidos en los módulos no asociados a competencias profesionales, como el emprendimiento, la investigación, la innovación, etc. Para el desarrollo del proyecto intermodular se consignará un seguimiento y tutorización individual y colectiva, y se desarrollará de forma simultánea a los otros módulos que conforman el ciclo formativo.

Para el caso de los módulos de grado básico, se establece un único proyecto intermodular a lo largo de toda la duración del ciclo formativo. En el caso de los ciclos medios y superiores, el proyecto intermodular tendrá una duración anual, o bianual, y una duración mínima de 25 h por curso. Dicho proyecto deberá defenderse ante el equipo docente al que, podrá incorporarse el tutor o tutora de empresa.

Se establece también que todo el currículo de los ciclos formativos podrá organizarse en base al desarrollo de proyectos intermodulares, si de este modo lo dispone el equipo docente, respetando en todo caso, todos los resultados del aprendizaje incluidos en los ciclos formativos.

APLICACIÓN PRÁCTICA

Juan, Daniel y Paula son amigos y están cursando un ciclo formativo de fabricación mecánica de grado medio. La duración de este ciclo está determinado para dos años, están cursando el primer año y les plantean que deben realizar un proyecto intermodular; además les indican que dicho proyecto deberá tener una duración de dos años.

Como son unos chicos muy emprendedores, deciden dedicar este proyecto a la creación de una futura empresa, para poder empezar a trabajar cuando terminen la formación.

¿Es esto posible? Justifica tu respuesta.

Solución

Sí, se podría plantear el proyecto intermodular de forma grupal, además bajo tutorización y seguimiento se podrá orientar a la innovación empresarial y el emprendimiento dentro de su sector.

El proyecto intermodular podrá realizarse de forma individual o colectiva.

Duración y organización de la oferta de ciclos formativos

En cuanto a la duración de los ciclos formativos se establece una duración variable, con un mínimo de dos cursos lectivos, estableciéndose esta duración para los ciclos de grado básico y pudiendo ser de tres cursos lectivos en el caso de los ciclos formativos de grado medio y superior. Todos los ciclos formativos tendrán, además, carácter dual, compaginando para ello la enseñanza en el centro de formación y la empresa u organismo afín.

Los ciclos formativos podrán ser de doble titulación, siempre que así se establezca y se asimile al Catálogo Nacional de Ofertas de Formación Profesional.

El tiempo máximo en el que el alumnado podrá permanecer cursando un ciclo formativo será el doble de los cursos asignados por ciclo, con carácter general. Además, cuando así lo necesiten y acrediten sus circunstancias personales, el alumnado podrá disfrutar de:

- Una matrícula parcial en cada curso y un curso adicional, cuando tengan necesidades de apoyo, permanentes o transitorias, o cuando compaginen su actividad formativa con actividad laboral.
- Medidas de flexibilización y alternativas metodológicas para la adaptación del currículo, con un enfoque de diseño universal para el aprendizaje en la enseñanza y evaluación.

En cuanto a la organización de la oferta de los ciclos formativos de formación profesional de Grado D, se establece en la legislación vigente que serán las administraciones educativas las encargadas de la programación de los ciclos formativos sostenidos con fondos públicos, y que además estas deberán mantener el principio de complementariedad con el resto de la oferta de otros grados. Podrán establecer dobles titulaciones y autorizar organizaciones específicas de los ciclos formativos en los centros de formación profesional, que concreten la carga lectiva en periodos semanales o mensuales, siempre que esté garantizada su viabilidad.

ACTIVIDAD COMPLEMENTARIA

3. Realiza una búsqueda en internet sobre los ciclos formativos de doble titulación. Pon al menos un ejemplo de centro formativo a nivel nacional, donde se imparta una de ellas.

Relación con los niveles del sistema educativo

Tanto los ciclos formativos como los cursos de especialización estarán referenciados al nivel que les corresponda en las clasificaciones vigentes a las que España esté adherida, así tendrán las siguientes correspondencias:

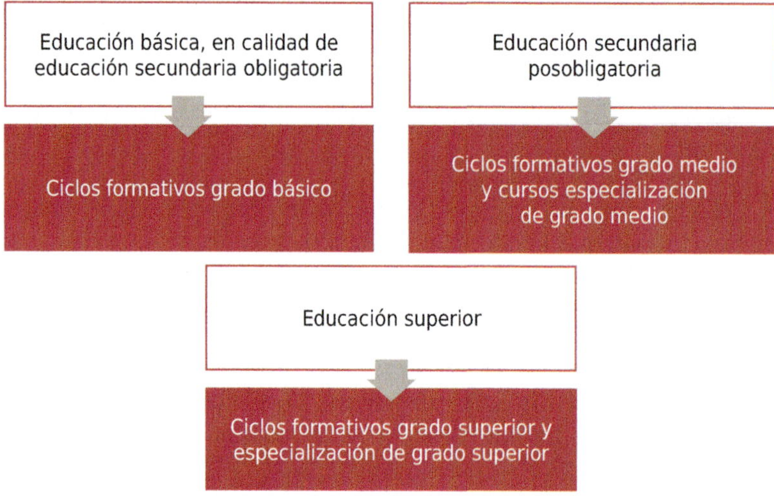

Ciclos formativos de grado básico

Son aquellos ciclos formativos que están vinculados a los estándares de competencia de nivel 1 del Catálogo Nacional de Estándares de Competencias Profesionales.

Dichos ciclos formativos se encuentran reglados por la Ley 2/2006, de 3 de mayo, de Educación, y constarán de 3 ámbitos y el proyecto siguientes:

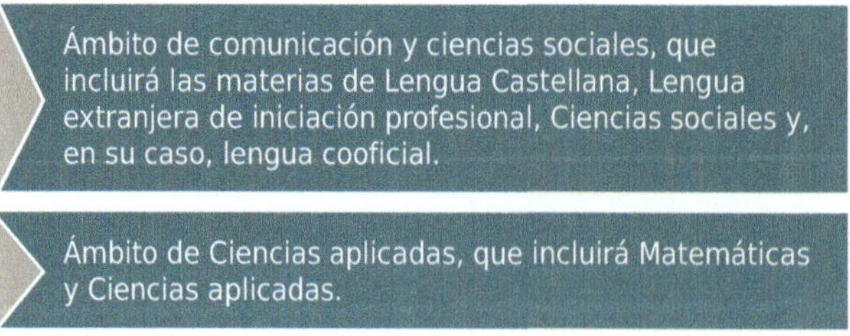

Continúa en página siguiente >>

<< Viene de página anterior

Ámbito profesional, que incluirá la formación necesaria para obtener un certificado profesional de grado C, vinculado a los estándares de competencia de nivel 1 del Catálogo Nacional de Estándares de Competencias Profesionales.

Proyecto anual de aprendizaje colaborativo en el que se trabajen los contenidos de los tres ámbitos anteriores.

Además, estos ciclos formativos podrán incluir complementos a la formación que contribuyan al desarrollo de las competencias de la educación secundaria obligatoria.

Para el acceso regirán los requisitos establecidos en el artículo 41.1 de la Ley Orgánica 2/2006, de 3 de mayo, de Educación, que son:

- Tener cumplidos 15 años, o cumplirlos durante el año natural en curso.
- Haber cursado el tercer curso de educación secundaria obligatoria, o excepcionalmente el segundo curso.
- Haber sido propuesto por el equipo docente a las madres, padres o tutores, para su incorporación a un ciclo formativo de grado básico.
- Excepcionalmente no regirán estos requisitos de acceso para jóvenes entre 15 y 18 años que no hayan estado escolarizados en el sistema educativo español y cuyo itinerario educativo aconseje su incorporación a un ciclo formativo de grado básico como itinerario más adecuado.

Podrán autorizarse de forma excepcional los ciclos formativos de grado básico para:

Aquel alumnado que haya cumplido los 17 años y que su historia escolar lo aconseje.

Jóvenes hasta 21 años de edad con necesidades educativas especiales.

La tutoría y la orientación profesional tendrán una marcada relevancia en estos ciclos formativos, realizando el acompañamiento socioeducativo personalizado de este alumnado. Los ciclos formativos orientarán sus criterios pedagógicos al alumnado, siendo flexibles y estableciendo una organización del currículo por proyectos educativos y de aprendizaje colaborativo; fomentarán el desarrollo de habilidades sociales y emocionales y el trabajo en equipo. Se proporcionarán los recursos necesarios para eliminar las barreras de aprendizaje, para el acceso a la información y comunicación y para garantizar la igualdad de oportunidades.

ACTIVIDAD COMPLEMENTARIA

4. Realiza una búsqueda a través de internet de un Itinerario de Inserción profesional. ¿Crees que se podría aplicar en este nuevo sistema de formación profesional? ¿Qué cambios deberían hacerse?

La evaluación de aprendizaje será continua, formativa e integradora, y se realizará por ámbitos y por proyectos, teniendo en cuenta la globalidad del ciclo. Será una evaluación adaptada a las características de cada persona y en consonancia con sus necesidades educativas.

TAREA 1

Como trabajo principal y transversal durante todo el proceso de formación de la presente acción formativa, vas a diseñar, programar, impartir y evaluar una acción formativa, elegida por ti, de entre los diferentes certificados que componen el actual Catálogo Nacional de Ofertas de Formación Profesional.

En esta unidad vas a comenzar a diseñar el esbozo de dicha acción formativa. Para ello:

- Elige el certificado profesional del que quieras desarrollar la acción formativa.
- Recopila la información necesaria sobre el tipo de acción formativa en el que quieres enmarcarla.

Se promoverá el apoyo y la colaboración con los agentes del entorno, agentes sociales, instituciones y entidades, especialmente con las corporaciones locales, asociaciones profesionales, organizaciones no gubernamentales y centros de segunda oportunidad.

Para lograr la superación de un ciclo formativo de grado básico será necesaria la evaluación positiva colegiada respecto a la adquisición de competencias profesionales.

APLICACIÓN PRÁCTICA

Victoria tiene 15 años, dice continuamente que no le gusta estudiar, no entiende cómo debe cursar tantos estudios si a ella lo que realmente le gusta es trabajar en el sector de la hostelería, ha completado el segundo curso de ESO.

¿Cómo podríamos orientar a Victoria?

Solución

Lo ideal sería insistir en que debe formarse como profesional y para ello desde el equipo docente y en colaboración con sus tutores derivarla a un ciclo formativo de grado básico de hostelería y turismo al que podría acceder.

Ciclos formativos de Grado Medio y Grado Superior

Los ciclos formativos de grado medio y superior, de forma general, estarán vinculados con los estándares de competencia de nivel 2 y 3, del Catálogo Nacional de Estándares de Competencias Profesionales.

La composición de estos ciclos formativos es la siguiente:

- Una parte troncal obligatoria, que garantice la competencia general correspondiente, y que a su vez deberá estar integrada por:
  - Módulos profesionales del Catálogo Modular de Formación Profesional asociados a los estándares de competencia profesional.
  - Módulos asociados a habilidades capacidades transversales, a la orientación laboral y emprendimiento.
  - Proyecto intermodular.

- Una parte optativa integrada por módulos profesionales que doten de mayor flexibilidad a la configuración y capacidad de adaptación de la oferta, para atender a la diversidad de la realidad productiva del territorio correspondiente, además de los intereses y motivaciones de cada itinerario formativo profesional.

Las administraciones competentes podrán determinar en el caso de estos módulos optativos aquellos que profundicen en mayor grado en el desarrollo de las competencias transversales, como digitalización, iniciativa empresarial, etc. Podrán incorporar al currículo básico módulos complementarios de carácter optativo vinculados a la profundización en las competencias propias del ciclo formativo o la adquisición de competencias adicionales que permitan tener un perfil profesional más amplio. Asimismo, podrán establecer módulos formativos diseñados conjuntamente con las universidades que faciliten la el acceso a aquellos estudiantes que quieran continuar con estudios universitarios.

Los requisitos para el acceso a los ciclos formativos de grado medio y superior son contar con un Certificado profesional contenido en el ciclo formativo, y los establecidos en la Ley Orgánica 2/2006, de 3 de mayo, de Educación.

Para el acceso a ciclos grado medio se requerirá:

- Poseer el Graduado ESO.
- Haber superado un curso de formación especifico preparatorio para los ciclos de grado medio en centros públicos o privados autorizados por la administración educativa. Tener una edad mínima de 17 años en el año de realización de la prueba.
- Poseer el Ciclo formativo de grado Básico (Técnico Básico en la Ley). Tener cumplidos los 17 años.

PARA SABER MÁS

Puedes acceder al siguiente enlace para acceder a la Ley Orgánica 2/2006, de 3 de mayo, de Educación.

https://redirectoronline.com/mf14420146

Para el acceso a los ciclos de grado superior se requerirá:

- Tener el título de Bachiller.
- Tener un título de Técnico de Grado Medio en un ciclo profesional de grado medio.
- Haber superado un curso de formación especifico preparatorio en un centro público o privado autorizado; con una edad mínima de 19 años.
- Haber superado una prueba de acceso. Tener una edad mínima de 19 años en el año de realización de la prueba
- Tener ya un título de grado superior o un grado universitario.

Será competencia de las administraciones educativas convocar anualmente las pruebas de acceso a todos los ciclos formativos que se oferten para aquellas personas que no cumplan con los requisitos de acceso. Las pruebas deberán garantizar su desarrollo bajo el principio de igualdad de oportunidades, igualdad de trato y no discriminación, así como acreditar la formación pertinente para el acceso.

Los itinerarios formativos se ajustarán a los establecidos en la Ley Orgánica 2/2006, de 3 de mayo, de Educación. Se entenderá la equivalencia regulada con el título de técnico y técnico superior de las titulaciones de técnico auxiliar y técnico especialista.

Se determinará por las autoridades competentes el régimen de convalidaciones entre las enseñanzas no universitarias y el resto de enseñanzas del sistema educativo no universitario. Igualmente se establecerán las convalidaciones pertinentes con los centros educativos universitarios, entre los que se promoverá la colaboración y el establecimiento de convenios.

Un apartado importante a destacar con la nueva ley son las acciones formativas desarrolladas en las empresas, para las que se establece que cuando sean autorizadas por la ley las empresas podrán impartir las acciones formativas destinadas a facilitar a las personas trabajadoras mayores de 16 años un título de formación profesional. La programación y seguimiento de dichas acciones formativas se llevarán a cabo por los centros de formación profesional en colaboración con las empresas.

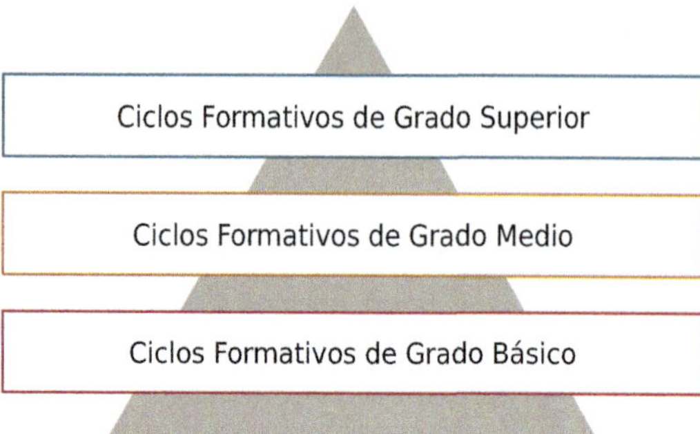

4.2. Grado E. Cursos de especialización

Dentro del actual Sistema de Formación Profesional Reglada se incluye también la oferta formativa de los cursos de especialización o Grado E. Estos cursos tendrán por objetivo complementar y profundizar en las competencias de quienes ya disponen de un título de formación profesional.

También están planteados con un carácter modular, por lo que podrán ser parte de la educación secundaria posobligatoria o de la educación superior. También podrán estar asociados a los mismos o distintos estándares de competencia profesional que los recogidos en los títulos exigidos para el acceso.

Para estos cursos se establece una duración básica de entre 300 y 900 h, y podrán desarrollarse con carácter dual.

Para el acceso, los criterios serán los establecidos en el currículo básico correspondiente; no serán aquellas ofertas parciales o modulares que no conduzcan a la obtención del título completo.

El alumnado que supere el curso de especialización de formación profesional de grado medio obtendrá el título de especialista del perfil profesional correspondiente. Aquel alumnado que supere el curso de especialización profesional de grado superior obtendrá el título de Máster de formación profesional del perfil correspondiente. Reglamentariamente se dispondrán las convalidaciones entre los cursos de especialización de Formación Profesional y los títulos oficiales de Grado universitario.

La formación es un sector en crecimiento, debido a que es necesaria para la inserción en el mundo laboral.

5. Proyectos formativos en la formación en alternancia con el empleo: estructura y características. Carácter dual de la formación profesional y modalidades

HILO CONDUCTOR

La nueva Ley Orgánica 3/2022, de 31 de marzo, de ordenación e integración de la Formación Profesional otorga a toda la Formación Profesional el carácter de formación profesional Dual, en alternancia con el empleo, está dirigida a la orientación del alumnado en itinerarios de inserción profesional, con el objetivo de hacer flexible la formación para poder compaginarla con el empleo, además de otorgar a todos los grados una parte de prácticas en centros de trabajo y/o entidades equiparadas, por lo que será fundamental para el equipo de la Academia Paideia conocer las características de dichos grados formativos en relación a su carácter dual.

La formación profesional dual se define como la formación profesional que se realiza armonizando los procesos de enseñanza y aprendizaje entre el centro de formación profesional y la empresa u organismo equiparado, en corresponsabilidad entre ambos agentes, con la finalidad de la mejora de la empleabilidad de la persona en formación.

Para la presente ley se establece que todos los ciclos formativos de los Grados C y D tendrán carácter dual, incorporando para ello una fase de formación en empresa o centro equiparado. También los cursos de especialización de Grado E tendrán carácter dual; y la oferta para los grados A y B podrá o no tener dicho carácter dual, en función de las características propias de cada acción formativa.

Para fomentar el carácter dual de la formación profesional se realizará una distribución adecuada de los procesos formativos entre los centros de formación profesional y las empresas u organismos equiparados, contribuyendo ambos a la adquisición de las competencias previstas en la formación. Para ello, serán las administraciones las promotoras de la corresponsabilidad entre los centros de formación y las empresas u organismos equiparados.

Las competencias para determinar la obtención de acreditaciones, certificados o titulaciones corresponderán a los centros de formación profesional.

IMPORTANTE

El porcentaje mínimo formativo en empresa u organismo equiparado será de un 25 % de la duración total de la formación, pudiendo bajarse a un 20 % en competencias profesionales de nivel 1.

Corresponderá a las administraciones competentes velar por el adecuado cumplimiento y las garantías para la formación en las empresas y evitar su uso inadecuado como actividad productiva, manteniendo relaciones de carácter laboral. Por lo que será incompatible la estancia formativa y contratación al mismo tiempo, salvo en el caso de que las acciones formativas se formalicen con un contrato formativo específico.

Las administraciones velarán también para que el alumnado con necesidades educativas especiales realice el periodo formativo en las empresas en condiciones de igualdad de oportunidades y con las correspondientes garantías.

Las finalidades establecidas para la fase de formación en las empresas u organismo equiparado son las siguientes:

- Participación en la adquisición de competencias profesionales propias de cada oferta formativa.
- Conocer la realidad del entorno laboral del sector productivo de referencia, con el objetivo de definir itinerarios formativos y profesionales, con especial atención a las oportunidades de empleo y emprendimiento en zonas rurales y/o en declive demográfico.
- Promocionar una identidad profesional emprendedora y motivadora hacia el aprendizaje continuo y la adaptación a los cambios en los sectores productivos o de servicios.
- Adquirir las habilidades pertinentes en situaciones reales de trabajo.
- Facilitar la inserción y las relaciones con una plantilla de personas trabajadores, teniendo en cuenta la normativa en prevención de riesgos laborales.

Para las ofertas formativas de Grados C, D y E se organizarán de manera que se cumpla con los objetivos del aprendizaje marcados dentro de cada una de las formaciones profesionales y en el centro de trabajo. Tanto los centros de formación como las empresas serán corresponsables del adecuado desarrollo y de los contenidos del aprendizaje. Para ello, las administraciones atenderán la demanda de los centros, así como de los organismos sociales y de las entidades intermediarias, para garantizar el régimen en que se realice cada formación y la incorporación de formación complementaria a los mismos.

Las reglas con las que se garantice la organización serán las siguientes:

- Se promoverá la autonomía de los centros de formación profesional para la adaptación de sus programas a las características propias de los centros, de las empresas y del territorio.
- La formación podrá realizarse en una o varias empresas y en sus centros de trabajo que sean complementarios para garantizar los resultados del aprendizaje.
- La fase de formación en empresa atenderá a las especificidades de los sectores productivos o empresas que demanden un diseño diferenciado, prestando especial atención a zonas rurales y en declive demográfico.
- Para la realización de la formación en las empresas será necesario tener 16 años cumplidos y haber superado la formación en PRL.

- La formación en empresa se realizará en el momento oportuno, teniendo en cuenta las características de la oferta formativa, la estacionalidad y la disponibilidad de plazas formativas en las empresas.
- Se considerará formación curricular, en ningún caso serán consideradas como prácticas o podrán sustituir las funciones correspondientes a un trabajador.
- La tutorización o guía de las prácticas se llevará a cabo desde la empresa u organismo equiparado, y corresponderá un tutor, que estará siempre en coordinación con el tutor del centro de formación profesional.
- Se promoverá el contacto de la persona en formación con la empresa a partir de los primeros meses de formación y una vez superada la formación relativa a PRL.
- El contacto entre la empresa y el centro de formación profesional deberá ser continuado durante los meses que dure la formación en la empresa.

Se establece también que se promoverán reglas para que la experiencia formativa en la empresa de la persona sea de calidad. Asimismo se velará para que la empresa reciba a personas con la formación adecuada. Además, se deberá informar a la representación legal de las personas trabajadoras sobre las plazas de personas en formación en dicha empresa.

NOTA

Los comités de empresa o representantes legales de los trabajadores deberán estar informados en todo momento sobre las plazas que la empresa pone a disposición de personas en formación.

Cada alumno dispondrá de un plan de formación, en el que se deberá detallar lo siguiente:

- El régimen en el que vaya a realizarse la formación en la empresa.
- Los resultados del aprendizaje que se pretenden obtener con la formación en la empresa y, en su caso, en el centro formativo.

Continúa en página siguiente >>

<< Viene de página anterior

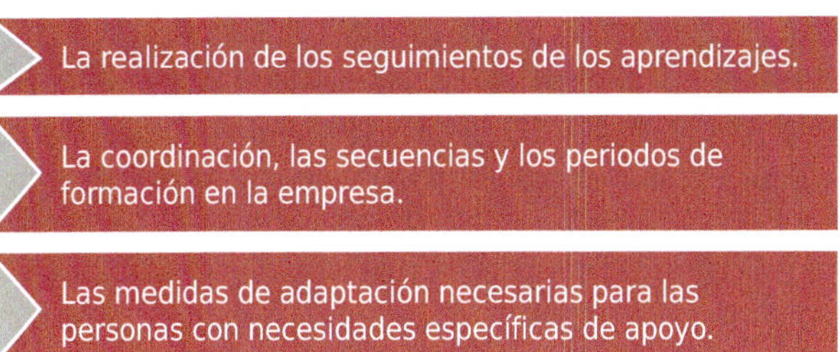

La fase de formación en empresa u organismo equiparado no permitirá, con carácter general, la realización de la acción formativa en turnos o periodos nocturnos, salvo que sean necesarios para complementar la formación y deben ser autorizados por la autoridad competente.

En esta ley se prevé la participación de los agentes sociales como colaboradores en la formación; el objetivo de la participación de los agentes sociales será la de asumir funciones de impulso, promoción y asistencia a proyectos de formación profesional.

Por otro lado, se establece un tutor de formación dual dentro de la empresa u organismo equiparado, que estará en colaboración con el equipo docente encargado de guiar la formación y velar por el cumplimiento de los objetivos del aprendizaje de las acciones formativa en empresas.

La finalización con éxito de las acciones formativas supondrá la obtención del certificado profesional o título correspondiente. La responsabilidad de la evaluación del alumnado para la obtención de la titulación será del equipo docente del centro de formación profesional. No obstante, contará con la participación y colaboración en la misma del tutor de empresa que ha guiado la formación del alumnado en la empresa.

ACTIVIDAD COMPLEMENTARIA

5. Realiza una búsqueda de diferentes centros y entidades acreditados e inscritos para impartir Formación Profesional en tu comunidad.

   ¿Conocías algunos de ellos? Realiza algún comentario si los conoces, cómo trabajan, qué se dice de ellos, etc.

6. Resumen

La Ley Orgánica 3/2022, de 31 de marzo, de ordenación e integración de la Formación Profesional, pretende mejorar el sistema de cualificaciones e incluir una nueva organización modular de la Formación Profesional en España, que permita la adaptación a las nuevas necesidades del mercado laboral, así como promocionar una formación permanente a lo largo de toda la trayectoria profesional y mejorar la integración con los procedimientos creados en la Unión Europea.

Ahora tenemos 5 Grados para la Formación profesional: A, B, C, D y E; cada uno con sus correspondientes 3 niveles de dificultad: 1, 2 y 3.

	- Grado de dificultad +				
- Grado de dificultad +	GRADO A	GRADO B	GRADO C	GRADO D	GRADO E
	NIVEL 1	NIVEL 1	NIVEL 1	NIVEL 1	NIVEL 1
	NIVEL 2	NIVEL 2	NIVEL 2	NIVEL 2	NIVEL 2
	NIVEL 3	NIVEL 3	NIVEL 3	NIVEL 3	NIVEL 3

- Grado A: acreditación parcial de competencia.
- Grado B: certificado de competencia.
- Grado C: certificado profesional.
- Grado D: ciclo formativo de formación profesional.
- Grado E: curso de especialización.

Todos ellos tienen una composición de tipo modular, de manera que sean acumulables y que la superación de la totalidad de las unidades de una especialidad de un grado inferior dé como resultado la obtención de una titulación del grado superior.

Además, como novedad y reto en la legislación se plantea la creación de un sistema de formación profesional completamente dual, que a pesar de no ser de carácter obligatoria para los grados A y B, se propondrá como objetivo en todas las unidades y especialidades que sea posible.

Ejercicios de autoevaluación
Unidad de Aprendizaje 1

1. **El instrumento del Sistema Nacional de Formación Profesional que ordena los estándares de competencias profesionales identificados en el sistema productivo se denomina...**

   a. ... Catálogo Nacional de Competencias Profesionales.
   b. ... Catálogo Nacional de Estándares de Competencias Profesionales.
   c. ... Catálogo Modular de Formación Profesional.
   d. ... Catálogo Nacional de Formación Profesional.

2. **El Catálogo Nacional de Ofertas de Formación Profesional está organizado en una serie de grados escalonados y verticales. ¿Cómo se denominan estos grados?**

   a. A, B, C, D y E.
   b. Grado Básico, Grado Medio, Grado Superior y Curso Especialización.
   c. 1, 2 y 3.
   d. Todas las opciones son incorrectas.

3. **¿Qué grado equivale a un Certificado Profesional?**

   a. El Grado E.
   b. El Grado A.
   c. El Grado B.
   d. El Grado C.

4. **La oferta formativa que constituye la base del actual sistema de formación profesional es la __________________.**

   a. Acreditación parcial de competencia
   b. Certificado de competencia
   c. Acreditación profesional
   d. Certificado parcial profesional

5. **Relaciona los siguientes conceptos:**

   a. Grado A.
   b. Grado B.
   c. Grado C.
   d. Grado D.
   e. Grado E.

   _ Certificado profesional.
   _ Ciclo formativo.
   _ Certificado de competencia.
   _ Curso de especialización.
   _ Acreditación parcial de competencia.

6. **El ______________________ se configura con un elemento integrador de los conocimientos incorporados en los módulos que configuran los ciclos formativos, con especial atención a los elementos incluidos en los módulos no asociados a competencias profesionales, como el emprendimiento, la investigación, la innovación, etc.**

   a. Certificado de competencia
   b. Currículo
   c. Proyecto Intramodular
   d. Todas las opciones son incorrectas.

7. **¿Cuál es el tiempo máximo que puede estar el alumnado cursando un ciclo formativo?**

   a. El doble de los cursos asignados por ciclo.
   b. Tres cursos en total.
   c. Cuatro cursos.
   d. El triple de los cursos asignados por ciclo.

8. **Relaciona los siguientes conceptos:**

   a. Educación básica, en calidad de educación secundaria obligatoria.
   b. Educación secundaria posobligatoria.
   c. Educación superior.

_ Ciclos formativos grado medio y cursos especialización grado medio
_ Ciclos formativos grado básico
_ Ciclos formativos grado superior y especialización de grado superior

9. ¿Cuál es la edad mínima para cursar un ciclo formativo de grado básico?

a. 18 años
b. 14 años
c. 15 años
d. 21 años

10. ¿Cuál de los siguientes no forma parte de la parte troncal obligatoria de los ciclos formativos de grado medio y superior?

a. Módulos profesionales del catálogo Modular de Formación Profesional asociados a los estándares de competencia profesional.
b. Módulos asociados a habilidades capacidades transversales, a la orientación laboral y emprendimiento.
c. Módulos que profundicen en mayor grado en el desarrollo de las competencias transversales como digitalización, iniciativa empresarial, etc.
d. Proyecto Intermodular.

Unidad de Aprendizaje 2

Certificados de profesionalidad

Contenido

1. Introducción
2. Certificados de profesionalidad: características y vías de adquisición
3. Estructura del Certificado de profesionalidad: perfil profesional/referente ocupacional, formación del certificado/referente formativo, prescripciones de los formadores y requisitos mínimos de espacio, instalaciones y equipamiento
4. Programación didáctica vinculada a la Certificación Profesional
5. Resumen

Objetivos

Los objetivos específicos de esta Unidad de Aprendizaje son:

- → Conocer los métodos de adquisición de un título de certificado de profesionalidad.
- → Elaborar la programación didáctica para impartir un certificado de profesionalidad.
- → Conocer la estructura y características de un certificado de profesionalidad.

1. Introducción

Aunque ya hemos tratado los certificados profesionales, en esta unidad de aprendizaje se estudiarán con mayor profundidad y detenimiento.

Los certificados profesionales, constituyen una vía para la acreditación de competencias profesionales y ayudan a que estas competencias tengan equivalentes a nivel europeo, por lo que este sistema facilitará y fomentará la movilidad de los trabajadores en el mercado de trabajo de la Unión Europea. En algunos países vecinos la implantación de este sistema está más avanzada, pero en España apenas se están dando los primeros pasos.

En la Ley Orgánica 3/2022, de 31 de marzo, de ordenación e integración de la Formación Profesional, los certificados profesionales, pasan a engrosar el Grado C, que ahora se estructura a su vez en 3 niveles, de manera que vamos a poder encontrar certificados profesionales, de nivel 1, 2 y 3, dependiendo de sus características y su nivel de complejidad.

Los certificados profesionales, suponen una forma de acreditación y validación de las **competencias inclusiva y abierta,** pues en sus distintas vías de adquisición se van a dar la respuesta y la flexibilidad necesarias para que personas que se encuentran en muy diferentes situaciones puedan acceder al sistema y acreditar sus competencias y capacidades profesionales.

Para el desarrollo del contenido nos seguiremos basando en el caso del centro de formación Paideia, que se está preparando para impartir certificados profesionales.

2. Certificados de profesionalidad: características y vías de adquisición

☞ HILO CONDUCTOR

Los docentes del centro de formación Paideia que trabajen en el proyecto de elaboración e impartición de los certificados profesionales, deberán conocer las características, estructura y modalidades existentes para entender el trabajo que se les va a pedir.

Continúa en página siguiente >>

<< Viene de página anterior

En las jornadas de formación Jorge va a profundizar en todos estos puntos.

Los Certificados Profesionales se corresponderán con la oferta formativa de Grado C, que constituye un tipo de oferta parcial y acumulable dentro del Sistema de Formación Profesional.

El grado C podrá obtenerse como resultado de superar esta formación, o bien por la acumulación de los certificados de competencia que constituyan el Grado B y que completen la totalidad de los módulos profesionales incluidos en la misma.

El Grado C de la formación profesional deberá tener por objeto módulos profesionales incluidos previamente en el Catálogo Modular de Formación Profesional y asociados al Catálogo de Estándares de Competencias Profesionales.

Las administraciones competentes determinarán las formaciones de Grado C conducentes a un certificado profesional, atendiendo a criterios de significación del mercado laboral y quedarán incluidas en el Catálogo Nacional de Ofertas de Formación Profesional.

PARA SABER MÁS

Accede al siguiente enlace para ver nuevas cualificaciones profesionales recientemente incluidas:

https://redirectoronline.com/mf14420212

Además, las administraciones podrán proponer cursos de grado C diferentes a los previstos en el catálogo para atender perfiles profesionales específicos. No obstante, estos cursos diseñados así solo tendrán validez en el ámbito territorial de la correspondiente administración responsable, y solo podrán dar lugar a un certificado profesional una vez se hayan incorporado al Catálogo Nacional de Oferta de Formación profesional.

La Ley Orgánica 3/2022, de 31 de marzo, establece que para cada oferta formativa de Grado C, la duración y la estructura será determinada en el currículo que resulte aprobado por parte de la administración competente, para lo que se tendrá en cuenta el diseño de los módulos profesionales integrados en cada oferta y la carga horaria definida en el Catálogo Modular de Formación Profesional.

APLICACIÓN PRÁCTICA

Nuria quiere estudiar un Certificado Profesional de nivel 2 de la familia de agraria. Le gustan muchos aspectos diferentes dentro del mismo campo, así que no sabe por cuál de ellos decidirse. Ha pensado en cursar el que menos horas de duración tenga establecidas, atendiendo al siguiente enlace:

https://redirectoronline.com/mf14420213

Identifica la duración establecida para los siguientes Certificados de Profesionalidad:

- **AGAJ0110 Actividades de floristería.**
- **AGAN0111 Cuidados y mantenimiento de animales utilizados para investigación y otros fines científicos.**
- **AGAN0312 Cuidados de animales salvajes, de zoológicos y acuarios.**

¿Cuál de ellos cursaría Nuria en base al criterio de las horas?

Continúa en página siguiente >>

<< *Viene de página anterior*

Solución

Nuria cursaría AGAN0111 Cuidados y mantenimiento de animales utilizados para investigación y otros fines científicos, ya que tiene 450 horas lectivas, mientras AGAJ0110 Actividades de floristería tiene 480 y AGAN0312 Cuidados de animales salvajes, de zoológicos y acuarios tiene establecidas 500 horas lectivas.

En todo caso el diseño de un ciclo de Grado C deberá contener la realización de un periodo de formación en la empresa u organismo equiparado, a expensas de aquellas personas que puedan acreditar su experiencia laboral y que se corresponda con la formación cursada. La fase de formación en la empresa deberá estar reglamentada.

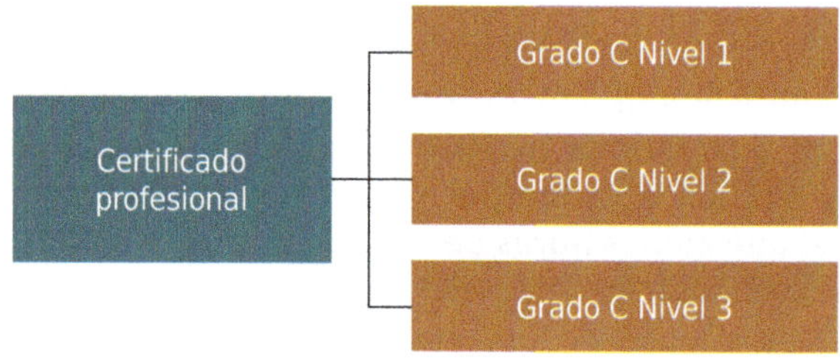

Las formaciones de Grado C, o certificados profesionales, deberán cumplir con algunos de los siguientes requisitos, en función del nivel 1, 2 o 3 de los estándares de competencia profesional a los que esté asociado:

1. **Grado C nivel 1:** para el grado C nivel 1 no se exigirán requisitos académicos ni profesionales, aunque se deberán poseer las habilidades de comunicación lingüística suficientes para llevar a cabo los aprendizajes. En el caso de que por sus características el módulo requiera de competencias básicas previas, la oferta formativa podrá incluir complementos a la formación para determinado fin.
2. **Grado C nivel 2:** para acceder al certificado de Grado C nivel 2, se requerirá estar en posesión del Graduado en Educación Secundaria Obligatoria, haber ya cursado y estar en posesión de un certificado profesional de nivel 2, o un certificado de competencia incluido en la oferta a realizar, o un certificado profesional de nivel 1 de la misma familia profesional.
3. **Grado C nivel 3:** para el acceso al Grado C de nivel 3 se requiere el título de Técnico, de Bachiller o equivalente a efectos de acceso, un Certificado Profesional de nivel 3, un Certificado de Competencia incluido en

la oferta a realizar, o un Certificado Profesional de nivel 2 de la misma familia profesional.

4. **Grado C pruebas de acceso:** por último, se determina que las administraciones competentes estarán en el deber de realizar pruebas de acceso individuales para aquellas personas que aunque no reúnan los requisitos del apartado anterior, que quieran acceder a uno de estos ciclos formativos. A través de estas pruebas de acceso se podrá comprobar que se dispone de las competencias básicas necesarias para el aprovechamiento de las formaciones.

La superación de la formación de grado C o la disposición de los Certificados de Competencias de Grado B que incluyan todos los módulos profesionales recogidos en dicha formación darán el acceso a la obtención de una titulación de Certificado Profesional, en la que se detallarán todos los módulos profesionales superados y los estándares de competencia correspondientes del Catálogo Nacional de Estándares de Competencias Profesionales.

Los Certificados Profesionales serán otorgados por la administración competente, inscritos en el Registro Estatal de Formación Profesional y tendrán carácter oficial y validez en todo el territorio nacional.

Los certificados de profesionalidad tendrán validez en todo el territorio nacional.

Las titulaciones o credenciales expedidas por las administraciones por la superación de una oferta formativa de Grado C que no esté incluida en el Catálogo Nacional de Oferta de Formación Profesional tendrán validez autonómica. Podrán emitirse e incorporarse al Registro Estatal de Formación Profesional los Certificados de Competencia de Grado B incluidos en dichos cursos de Grado C.

ACTIVIDAD 1

Ana es tutora especializada en la familia profesional Servicios Socioculturales y a la Comunidad. Un centro de formación acreditado por el SEPE le ha propuesto ser la tutora de una acción formativa vinculada al Certificado Profesional, **SSCG0111. Gestión de llamadas de teleasistencia.** Le han pedido que acuda a una reunión donde consensuar las líneas generales del desarrollo del curso, para lo cual quiere identificar las modalidades de impartición que existen para este certificado profesional. A continuación, se ofrecen varias normativas, ¿cuál de ellas deberá consultar Ana para saber si esta acción formativa puede impartirse en modalidad virtual?

- R. D. 1697/2011, que establece, entre otros, el Certificado Profesional SSCG0111. Gestión de llamadas de teleasistencia.
- R. D. 1096/2011, que establece la Cualificación Profesional SSC443_2. Gestión de llamadas de teleasistencia.
- Orden ESS/1897/2013, en su Anexo I.

ACTIVIDAD 2

Ana consulta el artículo 202. Régimen de centros de modalidad virtual, del Real Decreto 659/2023, de 18 de julio, por el que se desarrolla la ordenación del Sistema de Formación Profesional, y comprueba que los centros del Sistema de Formación Profesional podrán realizar oferta de grados A, B, C, D y E en modalidad virtual. Como su curso es de grado C, puede impartirlo en modalidad virtual.

Continúa en página siguiente >>

<< Viene de página anterior

SSCG0111. Gestión de llamadas de teleasitencia

https://redirectoronline.com/mf14420113

En base a este, identifica de las siguientes opciones la correcta para el certificado:

a. Se podrán impartir todos los módulos formativos en modalidad virtual sin horas de tutorías presenciales.
b. Se podrán impartir todos los módulos formativos en modalidad virtual, dedicando un total de 7 horas para tutorías presenciales.
c. Solo el primero de los módulos formativos (MF1423_2) podrá impartirse completamente en virtual, los otros dos módulos formativos (MF1424_2 y MF1425_2) tienen horas de tutorías presenciales.

APLICACIÓN PRÁCTICA

En esta aplicación te mostramos la imagen de un título de certificado profesional, obsérvala y a continuación responde a las cuestiones planteadas.

Continúa en página siguiente >>

<< Viene de página anterior

Felipe VI, Rey de España

y en su nombre

El/La Consejero/a de Economía y Hacienda

Considerando que conforme a las disposiciones y circunstancias previstas por la legislación vigente,

Don/Doña Carmen Apellido Apellido

Nacido/a el 9 de junio de 1970, ha demostrado poseer

las competencias establecidas en el Real Decreto 645/2011, de 9 de

expide el

CERTIFICADO PROFESIONAL

de

Actividades de Gestión Administrativa

Nivel de la cualificación

Otorgado en Madrid, a 15 de mayo de 2017

Con carácter oficial y validez en todo el territorio nacional.

El/La interesado/a

El/La Consejero/a de Economía,
Hacienda y Empleo

Comunidad de Madrid

Clave Registro
02/09/00000002/SSCF10

Unión Europea

En base a la imagen anterior, responde a las siguientes preguntas:

1. **¿En qué territorio será válido este certificado profesional?**

   a. **En la Comunidad Autónoma de Madrid.**
   b. **En todo el territorio nacional.**
   c. **En toda la Unión Europea.**

2. **Si un certificado profesional es válido en todo el territorio nacional, ¿es correcto que este modelo esté expedido por el Gobierno de Madrid?**

   a. **Sí, un certificado profesional siempre será emitido por la comunidad autónoma.**
   b. **No, un certificado profesional solo podrá ser emitido por la Administración del Estado.**
   c. **Sí, un certificado profesional podrá ser expedido por las CC. AA. y la Administración del Estado.**

Continúa en página siguiente >>

<< Viene de página anterior

SOLUCIÓN

Los certificados profesionales tendrán **validez y oficialidad en todo el territorio nacional,** sin que esto signifique regulación alguna del ejercicio de las diferentes profesiones.

Por otro lado, los certificados profesionales pueden ser expedidos por los **órganos competentes de las CC. AA. y por el SEPE,** organismo de la Administración del Estado, encargado de la expedición.

APLICACIÓN PRÁCTICA

Carlos trabaja como cocinero en un restaurante desde hace 6 años. Pese a estar considerado como un buen profesional, no tiene una titulación o acreditación laboral que lo avale como tal. Está interesado en obtener el certificado profesional de Cocina. ¿Qué vía de adquisición de los certificados profesionales sería la más adecuada para su caso particular?

a. **Participar como alumno en una acción formativa conducente a la obtención de este certificado, superando todos los módulos formativos que lo componen.**
b. **Participar como usuario en un procedimiento de acreditación de las competencias profesionales que ha adquirido a través de su experiencia laboral.**

SOLUCIÓN

Como Carlos ya tiene adquiridas las competencias profesionales, sería más adecuado participar en un procedimiento de acreditación de las competencias profesionales. A través del mismo **se comprobará si las competencias profesionales** que Carlos ha adquirido durante su ejercicio profesional **corresponden con las competencias establecidas en la cualificación profesional** de Cocina.

3. Estructura del Certificado de profesionalidad: perfil profesional/referente ocupacional, formación del certificado/referente formativo, prescripciones de los formadores y requisitos mínimos de espacio, instalaciones y equipamiento

HILO CONDUCTOR

En la siguiente sesión formativa Jorge va a tratar los certificados profesionales y cada uno de sus bloques, como son:

- El perfil profesional/referente ocupacional.
- La formación del certificado/ referente formativo.
- Las prescripciones de los formadores.
- Los requisitos mínimos de espacio, instalaciones y equipamiento.

Con la supervisión de Jorge los docentes comenzarán a elaborar las partes de su certificado profesional, para lo que tendrán que tener en cuenta las distintas modalidades de formación.

Según el **Real Decreto 659/2023,** de 18 de julio, por el que se desarrolla la ordenación del Sistema de Formación Profesional, cada certificado profesional deberá contener determinados apartados, garantizando así una estructura común, que será:

I. **Currículo básico de los módulos profesionales:**

- La denominación
- El código identificador.
- Familia o familias Profesionales.
- Nivel en el Marco Español de Cualificaciones para el Aprendizaje permanente y sus correspondencias con los marcos europeos.
- Los resultados de aprendizaje correspondientes a los elementos de competencia de cada estándar de competencia profesional.
- Los criterios de evaluación asociados a cada resultado de aprendizaje.
- La duración mínima en la modalidad presencial.

- El número de créditos ECTS, en caso de responder a un estándar o estándares de competencia de nivel 3.
- Los requisitos del personal docente y formador.

II. **Perfil profesional**
III. **Relación de estándares de competencia del Catálogo Nacional de Estándares de Competencias Profesionales incluidas.**
IV. **El entorno profesional, que incluye, entre otros, las ocupaciones y puestos de trabajo.**

V. **Currículo básico:**

- Competencia general, competencias profesionales y para la empleabilidad.
- Definición de los módulos profesionales del Catálogo Modular de Formación Profesional.

VI. **Parámetros básicos del contexto formativo y, en concreto, los espacios y los equipamientos, así como las titulaciones y especialidades del profesorado, formadores y personas expertas del sector productivo u otros perfiles colaboradores.**
VII. **Requisitos del profesorado, personas formadoras y personas expertas.**
VIII. **Información sobre los requisitos necesarios según la legislación vigente para el ejercicio profesional, en su caso.**

IX. **Formación en empresa:**

- Los certificados profesionales tendrán carácter dual e incluirán un período de formación en empresa, con duración variable en función de su régimen, general o intensivo, en el que se desarrollará un conjunto actividades dirigidas a completar y reforzar los resultados de aprendizaje previstos en el currículo.

Como ya se comentó en la anterior **unidad de aprendizaje,** el tutor-formador debe saber realizar un **análisis previo** a la elaboración de la programación didáctica, **extrayendo del certificado profesional** de referencia los elementos relevantes.

Para que te vayas manejando con los certificados profesionales te planteamos una actividad básica en este momento.

APLICACIÓN PRÁCTICA

Consulta el certificado profesional AFDA0109. Guía de itinerarios en bicicleta y contesta a las siguientes cuestiones:

https://redirectoronline.com/mf14420204

1. **El Certificado profesional Guía por itinerarios en bicicleta, ¿qué nivel de cualificación tiene?**

    a. **Nivel 1**
    b. **Nivel 2**
    c. **Nivel 3**

2. **¿A qué hacen referencia las tres primeras letras del código del certificado profesional?**

    a. **A la cualificación profesional de referencia.**
    b. **Al área profesional.**
    c. **A la familia profesional.**

SOLUCIÓN

Este certificado responde al nivel de cualificación profesional 2 dentro de la familia profesional actividades físicas y deportivas.

En el segundo caso AFD hace referencia a la familia profesional, Actividades Físicas y Deportivas, así ocurre con todos los certificados profesionales.

3.1. Datos de identificación

Vamos a ver con detalle, los elementos que se incluyen en este **primer bloque** del certificado profesional:

ANEXO I

I. IDENTIFICACIÓN DEL CERTIFICADO PROFESIONAL

Denominación: Guía por Itinerarios en Bicicleta

Código: AFDA0109

Familia Profesional: Actividades Físicas y Deportivas

Área Profesional: Actividades físico-deportivas recreativas

Nivel de cualificación profesional: 2

Cualificación profesional de referencia:
AFD160_2 Guía por itinerarios en bicicleta (R. D. 1087/2005, de 16 de septiembre, actualizado por R. D. 1521/2007, de 16 de noviembre)

A continuación se analizan cada uno de los aspectos que identifican el certificado profesional:

- **Denominación:** nombre que recibe el certificado profesional y que dará nombre a la acción formativa.
- **Código:** código alfanumérico identificativo del certificado.
- **Familia Profesional:** familias en las que se estructura el Catálogo Nacional de Estándares de Competencias Profesionales, atendiendo a criterios de afinidad de las competencias profesionales. Recordemos que el Catálogo Nacional de Estándares de Competencias Profesionales se organiza en 26 familias profesionales.
- **Área profesional:** área específica dentro de la familia profesional en la que se encuadra el certificado profesional.
- **Nivel de cualificación:** nivel asignado, en base a criterios de conocimientos, iniciativa, autonomía, responsabilidad y complejidad. Recordemos que el actual Catálogo Nacional de Estándares de Competencias Profesionales se estructura en 3 niveles.

- **Cualificación profesional de referencia:** conjunto de competencias profesionales con significación para el empleo, que sirve de referencia al certificado profesional.

A continuación se relacionan las Unidades de Competencia y los Módulos Formativos que componen este certificado. Cada módulo formativo está asociado a una unidad de competencia. ¿Sabrías relacionarlos?

Los siguientes módulos formativos y unidades de competencia pertenecen al Certificado profesional de "Guía por itinerarios en bicicleta". Relaciona los módulos formativos con sus unidades de competencia correspondientes.

a. Determinar y organizar itinerarios en bicicleta por terrenos variados hasta media montaña.
b. Conducir bicicletas con eficacia y seguridad por terrenos variados hasta media montaña y realizar el mantenimiento operativo de bicicletas.
c. Guiar y dinamizar a personas por itinerarios en bicicleta hasta media montaña.
d. Asistir como primer interviniente en caso de accidente o situación de emergencia.

1. Mantenimiento y conducción de bicicleta.
2. Conducción de personas por itinerarios en bicicleta.
3. Primeros auxilios.
4. Itinerarios para bicicleta.

SOLUCIÓN

En la siguiente tabla se observa cada módulo correctamente relacionado con su unidad de competencia correspondiente:

Unidad de competencia	Módulo formativo
Determinar y organizar itinerarios en bicicleta por terrenos variados hasta media montaña.	Itinerarios para bicicleta

Continúa en página siguiente >>

<< Viene de página anterior

Unidad de competencia	Módulo formativo
Conducir bicicletas con eficacia y seguridad por terrenos variados hasta media montaña y realizar el mantenimiento operativo de bicicletas.	Mantenimiento y conducción de bicicleta
Guiar y dinamizar a personas por itinerarios en bicicleta hasta media montaña.	Conducción de personas por itinerarios en bicicleta
Asistir como primer interviniente en caso de accidente o situación de emergencia.	Primeros auxilios

IMPORTANTE

Fíjate en la ficha de este certificado profesional.

https://redirectoronline.com/mf14420205

Observa la similitud que existe entre los dígitos de los códigos de las unidades de competencia y los dígitos de los módulos formativos. Estos códigos indicarán la relación que existe entre ellos.

Volvamos al análisis de los apartados que componen el certificado profesional. A continuación se detalla la **competencia general** y las **unidades de competencia:**

Competencia general:

Determinar itinerarios y guiar a usuarios en bicicleta por terrenos variados hasta media montaña en condiciones de seguridad y respeto al medio ambiente, adaptándose a los usuarios, consiguiendo su satisfacción, la calidad del servicio y en los límites de coste previstos.

Relación de unidades de competencia que configuran el certificado profesional:

UC0353_2: Determinar y organizar itinerarios en bicicleta por terrenos variados hasta media montaña.
UC0508_2: Conducir bicicletas con eficacia y seguridad por terrenos variados hasta media montaña y realizar el mantenimiento operativo de bicicletas.
UC0509_2: Guiar y dinamizar a personas por itinerarios en bicicleta hasta media montaña.
UC0272_2: Asistir como primer interviniente en caso de accidente o situación de emergencia.

A continuación se explican cada uno de estos conceptos:

- **Competencia general:** puede considerarse como el objetivo general de la acción formativa.
- **Relación de unidades de competencia:** objetivos específicos de la acción formativa, que darán lugar a la estructura modular de contenidos.

Además de determinar las competencias profesionales, es necesario **contextualizar el entorno profesional** donde se realiza el desempeño. Por este motivo, se incluye en el certificado profesional el siguiente apartado:

Entorno Profesional:

Ámbito profesional:

Ejerce su actividad en el ámbito de actividades deportivo-recreativas en la naturaleza y turismo activo, deportivo o de aventura en las áreas de programación, organización, desarrollo, seguimiento y evaluación de itinerarios en bicicleta por terrenos variados hasta media montaña para todo tipo de usuario. La actividad profesional se realiza tanto de forma autónoma como bajo contrato, en el ámbito público, ya sean administraciones generales, autonómicas o locales y en el ámbito privado en grandes, medianas y pequeñas empresas:

- empresas de ocio activo, deportivo o aventura,
- empresas turísticas: hoteles, camping, albergues, casas rurales,
- agencias de viaje,
- estaciones de esquí con oferta complementaria de actividades fuera de temporada,
- refugios y albergues de montaña,
- centros escolares y empresas de servicios de actividades extraescolares,
- casas de colonias o vacaciones, granjas escuela, campamentos,
- federaciones deportivas. Clubes deportivos y sociales,
- empresas de gestión de parques naturales,
- empresas de servicios de formación de recursos humanos,
- clientes particulares.

Sectores productivos:

- Deporte.
- Ocio y tiempo libre.
- Turismo.

Ocupaciones o puestos de trabajo relacionados:

- Guía de itinerarios en bicicleta de montaña.
- Guía de itinerarios de cicloturismo.
- Encargo de prevención y seguridad en rutas y eventos en bicicleta.

En el entorno personal se especifica el ámbito profesional, sectores productivos y ocupaciones o puestos de trabajo relacionados, como marco de referencia sobre el que contextualizar la acción formativa.

A continuación, el certificado profesional detalla la **duración de la formación asociada** y la **relación de módulos formativos y unidades formativas,** en su caso. Veámoslo en el certificado profesional que nos sirve de ejemplo:

Duración de la formación asociada:

Relación de módulos formativos y de unidades formativas:

MF0353_2: Itinerarios para bicicleta (110 horas)

- UF0296: Análisis y gestión de itinerarios para bicicletas (50 horas)
- UF0297: (Transversal) Desplazamiento, estancia y seguridad en el medio natural y orientación sobre el terreno (30 horas)
- UF0298: (Transversal) Desarrollo de actividades recreativas y adaptación de la actividad deportiva a personas con limitaciones de su autonomía personal (30 horas)
- MF0508_2: Mantenimiento y conducción de bicicletas (140 horas)
- UF0299: Mantenimiento, reparación y traslado de bicicletas (30 horas)
- UF0297: (Transversal): Desplazamiento, estancia y seguridad en el medio natural y orientación sobre el terreno (30 horas)
- UF0300: Conducción de bicicletas por terrenos variados (80 horas)
- MF0509_2: Conducción de personas por itinerarios en bicicleta (110 horas)
- UF0301: Desarrollo de la actividad deportiva en el medio natural (80 horas)
- UF0298: (Transversal): Desarrollo de actividades recreativas y adaptación de la actividad deportiva a personas con limitaciones de su autonomía personal (30 horas)
- MF0272_2: Primeros auxilios (40 horas)
- MP0071: Módulo de prácticas profesionales no laborales de Guía por itinerarios en bicicleta (80 horas)

A continuación se explican cada uno de estos conceptos:

- **Duración de la formación asociada:** número de horas establecidas para la impartición de la acción formativa, incluyendo la duración de los módulos formativos y el módulo de prácticas profesionales no laborales.
- **Relación de módulos y unidades formativas:** define la estructura y secuenciación de los contenidos. Esta estructura responde a la determinación de las unidades de competencia, que como antes definimos, pueden considerarse como objetivos específicos de la acción formativa.

3.2. Perfil profesional/referente ocupacional

El siguiente bloque define el **Perfil Profesional del Certificado Profesional**, con la enumeración y el desarrollo de las diferentes unidades de competencia:

II. PERFIL PROFESIONAL DEL CERTIFICADO PROFESIONAL

Unidad de competencia 1

Denominación: DETERMINAR Y ORGANIZAR ITINERARIOS EN BICICLETA POR TERRENOS VARIADOS HASTA MEDIA MONTAÑA

Nivel: 2
Código: UC0353_2

Realizaciones profesionales y criterios de realización

RP1: Realizar el análisis diagnóstico del contexto de intervención para concretar o adaptar un itinerario en bicicleta ajustándose al servicio demandado.

- CR1.1 La documentación que se requiere para establecer el itinerario se selecciona utilizando las técnicas adecuadas de búsqueda y recopilación.
- CR1.2 Las características de la organización se analizan determinando las finalidades, los recursos y medios disponibles.
- CR1.3 Las características generales del cliente y de los destinatarios se identifican mediante las técnicas adecuadas de análisis de información, quedando determinadas sus condiciones, necesidades, intereses y expectativas, dando especial atención a los que presenten alguna necesidad específica.

A continuación se explican cada uno de estos conceptos:

- **Unidad de competencia 1:** identificación de la unidad de competencia que se desarrolla.
- **Denominación:** nombre de la unidad de competencia.
- **Nivel:** cada unidad de competencia pertenece a un nivel determinado, según la complejidad de cada competencia a adquirir.
- **Código:** código de referencia de la unidad de competencia.
- **Realizaciones profesionales y criterios de realización:** conjunto de realizaciones profesionales que concretan la unidad de competencia asociada. Los Criterios de Realización se consideran como criterios de éxito para la valoración de la adecuada o no realización profesional. Sirven de indicadores de evaluación.

DEFINICIÓN

Realizaciones profesionales
Cada Realización Profesional incluye, además, el contexto profesional en el que se produce, definido por los medios de producción y/o creación de servicios, los productos o resultados del trabajo y la información utilizada o generada.

3.3. Formación del certificado/referente formativo

El tercer apartado se ocupa de la Formación del **Certificado Profesional,** desarrollando los Módulos Formativos, con sus Unidades Formativas, en caso de haberlas.

En el certificado profesional, que nos sirve de ejemplo, este apartado aparece como se muestra a continuación:

III. FORMACIÓN DEL CERTIFICADO PROFESIONAL

MÓDULO FORMATIVO 1

Denominación: ITINERARIOS PARA BICICLETA

Código: MF0353_2

Nivel de cualificación profesional: 2

Asociado a la Unidad de Competencia

UC0353_2 Determinar y organizar itinerarios en bicicleta por terrenos variados hasta media montaña.

Duración: 110 horas

UNIDAD FORMATIVA 1

Denominación: ANÁLISIS Y GESTIÓN de itinerarios PARA BICICLETAS

Código: UF0296

Duración: 50 horas

Referente de competencia: Esta unidad formativa se corresponde con la RP1, RP2, RP3, RP6 y RP7 en cuanto al diseño de itinerarios.

A continuación se explican cada uno de estos conceptos:

- **Denominación:** nombre que recibe el módulo formativo.
- **Código:** código que recibe el módulo formativo.
- **Nivel de cualificación profesional:** coincide con el nivel de la unidad de competencia de referencia.
- **Asociado a la Unidad de Competencia:** cada módulo formativo, ya esté dividido o no en unidades formativas, materializa y define la unidad de competencia asociada.
- **Duración:** horas establecidas para impartir cada módulo formativo.
- **Unidad formativa 1:** como este MF se divide en UF, comenzará a continuación el detalle de cada una de ellas. En este caso es la primera de las unidades formativas que lo componen.
- **Denominación:** nombre que recibe la unidad formativa.
- **Código:** código de la unidad formativa.
- **Duración:** horas establecidas para la impartición de esta unidad formativa.
- **Referente de competencia:** como la unidad de competencia es común para todas las unidades formativas que componen el módulo formativo, se detallan las Realizaciones Profesionales específicas de la unidad formativa que se está detallando.

Según el Real Decreto 659/2023, de 18 de julio, por el que se desarrolla la ordenación del Sistema de Formación Profesional, el módulo profesional es una unidad coherente de formación, a efectos de planificación y diseño de los aspectos básicos del currículo por parte de las administraciones competentes en el diseño de los currículos, para el logro de las competencias profesionales y para la empleabilidad que se pretendan alcanzar en la oferta formativa. Según su naturaleza, puede estar asociado, o no, a estándares de competencia del Catálogo Nacional de Estándares de Competencias Profesionales.

El módulo profesional puede o no mantenerse como tal en la organización de la programación de los procesos de enseñanza-aprendizaje en los centros del Sistema de Formación Profesional, en función de la organización y metodología a utilizar, determinada por las administraciones o por el propio centro, respetando siempre el currículo y todos sus resultados de aprendizaje.

RECUERDA

Las competencias profesionales son el conjunto de conocimientos y capacidades que permiten el ejercicio de la actividad profesional conforme a las exigencias de producción y empleo.

A continuación se desarrollan las **capacidades y criterios de evaluación,** y se detallan los contenidos que facilitará la adquisición de dichas capacidades.

Capacidades y criterios de evaluación:

C1: Analizar los factores psicosociales de la sociedad actual y conocer las características (físicas, psíquicas y emocionales) generales de las personas para identificar las capacidades, necesidades y motivaciones de los usuarios y clientes que se deben tener en cuenta en la preparación o adaptación de itinerarios en bicicleta.

CE1.1 Explicar la influencia de determinados factores sociales en los comportamientos y relaciones sociales de diferentes colectivos.

CE1.2 Explicar la importancia de los factores de riesgo, aventura y evasión dentro de la sociedad actual, como elementos de motivación en los recorridos en bicicleta.

CE1.3 Valorar la importancia social del ocio y del turismo y explicar su relación con las actividades físico-deportivas y las actividades en la naturaleza.

CE1.4 Enumerar y describir las características psicológicas, emocionales y físicas fundamentales en las diferentes etapas del desarrollo humano y su incidencia en la preparación de itinerarios en bicicleta.

CE1.5 Enumerar las capacidades y características motoras fundamentales que se precisan para la realización de recorridos en bicicleta.

CE1.6 Describir la evolución de las capacidades físicas, condicionales y coordinativas en las diferentes etapas del desarrollo humano.

CE1.7 Describir la relación existente entre los sistemas del organismo y el esfuerzo deportivo de las actividades de conducción en bicicleta.

CE1.8 En supuestos prácticos en los que se identifiquen las características de los usuarios, seleccionar correctamente objetivos y actividades para grupos de unas determinadas características.

Cada capacidad debe considerarse como objetivo específico de aprendizaje del MF o UF. Sus correspondientes Criterios de Evaluación (CE) conformarán los objetivos operativos, que deberán ser medidos en el proceso de evaluación.

Hasta ahora hemos ido desglosando los apartados que forman un certificado profesional, a algunos de ellos le corresponde un tipo concreto de objetivo, para afianzar este contenido te proponemos la siguiente actividad.

APLICACIÓN PRÁCTICA

Relaciona a continuación el término del certificado profesional que corresponde a cada tipo de objetivo:

a. Unidad de competencia
b. Realización profesional
c. Capacidad
d. Criterio de evaluación

1. Objetivo específico del Módulo Formativo o Unidad Formativa
2. Objetivo general del Módulo Formativo
3. Objetivo general de la Unidad Formativa
4. Objetivo operativo del Módulo Formativo o Unidad Formativa

SOLUCIÓN

Para aclarar la jerarquía de objetivos con sus elementos correspondientes:

Unidad de competencia	Objetivo general del Módulo Formativo
Realización profesional	Objetivo general de la Unidad Formativa
Capacidad	Objetivo específico del Módulo Formativo o Unidad Formativa
Criterio de evaluación	Objetivo operativo del Módulo Formativo o Unidad Formativa

El siguiente apartado del certificado profesional recoge el **índice de contenidos** a desarrollar en la impartición del módulo formativo o unidad formativa.

Contenidos

1. Aplicación de los fundamentos psicosociales a la preparación de itinerarios en bicicleta (BTT):

- Ocio y turismo en el medio natural.
- Educación no formal y actividades físico deportivas.
- Influencia de la BTT:
    - Características.
    - Importancia social.
    - Factores de riesgo, aventura y evasión.
    - Función social del deporte: comportamiento y relaciones sociales.

2. Reconocimiento de las características psicológicas, físicas y sociales de los usuarios:

- Etapas evolutivas: infantil, adolescentes, adultos y personas mayores.
    - Capacidades físicas básicas.
    - Capacidades físicas condicionales y coordinativas.
- Desarrollo evolutivo y motor.
- Calidad de vida y desarrollo personal.

3. Valoración de la actividad física sobre la salud:

- Capacidad física y salud
    - Sistemas del organismo y esfuerzo deportivo.
    - Beneficios y contraindicaciones totales o parciales de/en la práctica de actividades de conducción en bicicleta.
    - Requerimientos energéticos: gasto, aporte y balance energético en la práctica de actividades de conducción en bicicleta:
        - Avituallamiento.
        - Pautas de hidratación.
- Valoración física inicial del usuario: observación, entrevista y soportes.

4. Aplicación legislativa y normativa en el diseño de itinerarios en BTT y sobre la utilización del espacio natural:

- Legislación y normativa de espacios naturales y su alcance.
- Legislación estatal, autonómica y local de acceso y pernoctación.
- Autorización administrativa de acceso y pernoctación.
    - Gestión de documentos: organismos de referencia, trámites y plazos.
    - Permisos y autorizaciones de paso y circulación.
    - Instituciones que limitan o restringen estas actividades.

Continúa en página siguiente >>

<< Viene de página anterior

- Responsabilidad civil como organizador y guía por itinerarios en bicicleta.
- Regulación de actividades deportivas en zonas naturales de protección.

5. Diseño y programación de un itinerario en bicicleta:

- Búsqueda, análisis y tratamiento de la información necesaria para la elaboración de itinerarios en bicicleta:
    - Técnicas y procedimientos de obtención de información: observación, encuesta, cuestionario y entrevista.
    - Análisis e interpretación: parámetros de calidad del servicio. Protección de datos.
    - Tratamiento de textos, hojas de cálculo, base de datos, tratamiento de imágenes y navegadores de Internet.
    - Tratamiento de textos, hojas de cálculo, base de datos, tratamiento de imágenes y navegadores de Internet.
    - Procesamiento y archivo.
    - Recursos disponibles para su organización y elementos condicionantes.
- Fuentes de información:
    - Identificación de la información necesaria para el diseño de itinerarios:
    - Primaria/secundaria.
    - Directa/indirecta.
    - Localización de las fuentes de información.
    - Alojamiento.
    - Manutención.
    - Transporte.
- Información necesaria para la preparación de recorridos:
    - Normativa y reglamentación.
    - Mapas de la zona donde se realice el itinerario.
    - Información meteorológica.
    - Información sobre dificultad y peligrosidad.
    - Información sobre puesto de socorro.
    - Información sobre características del grupo, experiencias, intereses y expectativas.

6. Preparación general de un itinerario:

- Prevención y protocolos de seguridad para actividades de conducción en bicicleta:
    - Función preventiva del técnico.
    - Factores de riesgo y principales causas de accidentes.
    - Relación de datos a comunicar a los servicios de socorro previo a la actividad.

Continúa en página siguiente >>

<< Viene de página anterior

  - Protocolos de: revisión de material de seguridad y comunicación, control de la situación, traslado y evacuación.
  - Emergencia: planes de emergencia, servicios de rescate y socorro, normas de comportamiento en situaciones de emergencia según el lugar y condiciones.
  - Procedimientos de actuación del equipo de apoyo y zonas sin cobertura de comunicación.
- Gestión de recursos para las actividades de conducción en bicicleta por terreno variado:
  - Control presupuestario y elaboración.
  - Alojamiento y manutención: características y costes.
  - Directa/indirecta.
  - Localización de las fuentes de información.
  - Criterios para su utilización en las actividades de conducción en bicicleta.
  - Logística de las actividades de conducción en bicicleta: transporte de material y viajeros. Características del medio de transporte.
  - Recursos humanos: modelo de gestión, formación y organización.
  - Recursos materiales: gestión de compras, análisis de las características de los recursos necesarios, selección de proveedores.
  - Acciones promocionales del servicio.
  - Valoración y análisis del servicio prestado: características del servicio, conceptos básicos de calidad de prestación de servicios. Métodos de control de la calidad del servicio.
  - Interpretación de resultados y elaboración de informes.
  - Seguros y coberturas.

Los **contenidos** han sido seleccionados, diseñados y secuenciados para la consecución de las competencias objeto de aprendizaje, a cuyos criterios de realización se refieren. Por lo tanto, como tutores-formadores debemos considerar los contenidos y las capacidades, con sus correspondientes criterios de realización, de forma integral y complementaria, siendo elementos inseparables.

Ahora vamos a centrarnos en el módulo formativo, para ello comenzamos con esta actividad, a partir de la cual seguiremos desarrollando el contenido.

APLICACIÓN PRÁCTICA

Relaciona los siguientes elementos con el lugar que les corresponda en el certificado profesional que nos ocupa.

III. FORMACIÓN DEL CERTIFICADO PROFESIONAL

MÓDULO FORMATIVO 1

Denominación: ITINERARIOS PARA BICICLETA

Código:

Nivel de cualificación: 2

Asociado a la Unidad de competencia

Duración: 100 horas

UNIDAD FORMATIVA 1

Denominación: Análisis y gestión de itinerarios para bicicletas

Código:

Duración: 50 horas

a. **MF0353_2**
b. **UF0296**
c. **UC0353_2. Determinar y organizar itinerarios en bicicleta por terrenos variados hasta media montaña.**

Continúa en página siguiente >>

<< Viene de página anterior

SOLUCIÓN

Dentro de un módulo podemos encontrar varios códigos, para saber distinguirlos debes centrar la atención en las primeras letras que los preceden así: **MF** hace referencia al **módulo formativo,** mientras que **UF** hace referencia a la **unidad formativa,** y **UC** a la **unidad de competencia.**

III. FORMACIÓN DEL CERTIFICADO PROFESIONAL

MÓDULO FORMATIVO 1

Denominación: ITINERARIOS PARA BICICLETA

Código: MF0353_2

Nivel de cualificación: 2

Asociado a la Unidad de competencia UC0353_2

Duración: 100 horas

UNIDAD FORMATIVA 1

Denominación: Análisis y gestión de itinerarios para bicicletas

Código: UF0296

Duración: 50 horas

Cada módulo formativo sigue un **formato normalizado,** incluyendo los datos de identificación del mismo y las especificaciones para la formación:

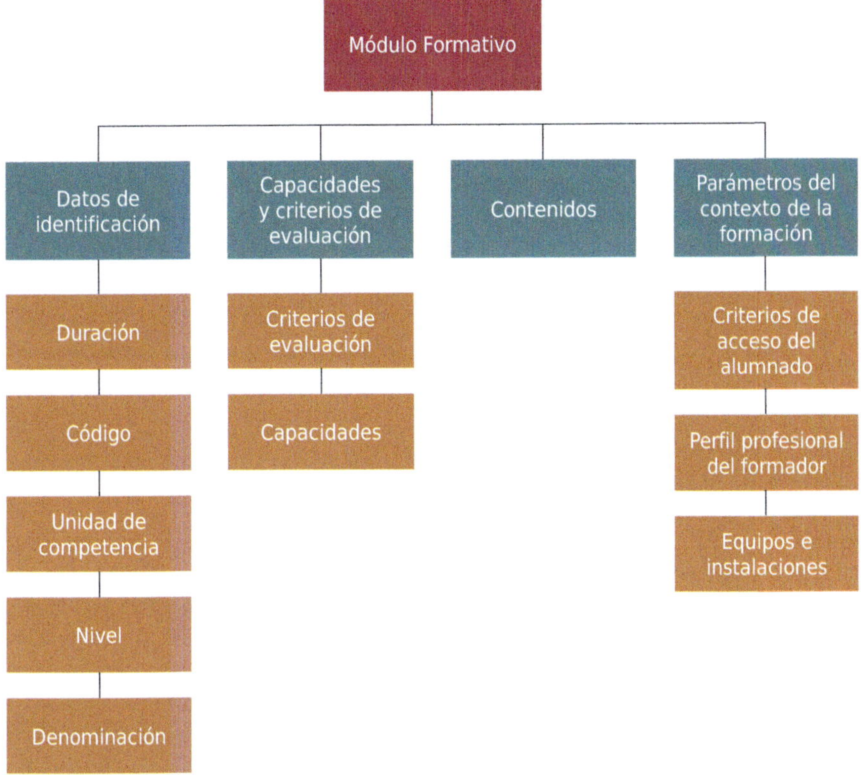

A continuación se describirán cada uno de los elementos del módulo formativo:

- **Duración:** duración de la formación expresada en horas.
- **Código:** código alfanumérico que identifica y permite ubicar el módulo formativo vinculado a una unidad de competencia.
- **Unidad de competencia:** cada módulo formativo estará asociado a una unidad de competencia.
- **Nivel:** nivel de la competencia profesional de la cualificación a la que se vincula el módulo formativo.
- **Denominación:** nombre con el que se identifica el módulo formativo.
- **Criterios de evaluación:** conjunto de precisiones para cada capacidad que indican el grado de concreción aceptable de la misma. Delimitan el alcance y nivel de la capacidad y el contexto en el que va a ser evaluada.
- **Capacidades:** expresión de los resultados esperados de las personas en situación de aprendizaje al finalizar el módulo formativo.

- **Criterios de acceso del alumnado:** en caso de existir requisitos de acceso para el correcto aprovechamiento del módulo formativo, estos se detallarán.
- **Perfil profesional del formador:** cada módulo formativo requerirá unas condiciones de acreditación y experiencia específicas que debe poseer el formador que vaya a impartirlo. Los diferentes perfiles de todos los módulos formativos que componen un certificado profesional suelen agruparse en un solo apartado, dedicado a este fin, del certificado profesional.
- **Equipos e instalaciones:** se describen, con carácter orientador, las condiciones mínimas que deben tenerse en cuenta respecto a los espacios, instalaciones y equipamiento necesario para realizar la formación.

NOTA

A los alumnos que accedan a las acciones de formación de los certificados profesionales de **nivel 1** de cualificación **no se les exigirán requisitos académicos ni profesionales,** , aunque se han de poseer las habilidades de comunicación suficientes que permitan el aprendizaje. Cuando se requieren competencias básicas adicionales, la formación puede incluir módulos complementarios vinculados a los centros de personas adultas para garantizar su reconocimiento.

Las unidades formativas serán válidas en el **ámbito de la Administración laboral.** Una vez superadas todas las unidades formativas que contenga un módulo, se tendrá derecho a la certificación del mismo, siempre y cuando se haya cursado al menos una unidad formativa por año de forma consecutiva.

Como puedes ver en el siguiente gráfico, la estructura de la Unidad Formativa será similar a la del Módulo Formativo, con alguna particularidad:

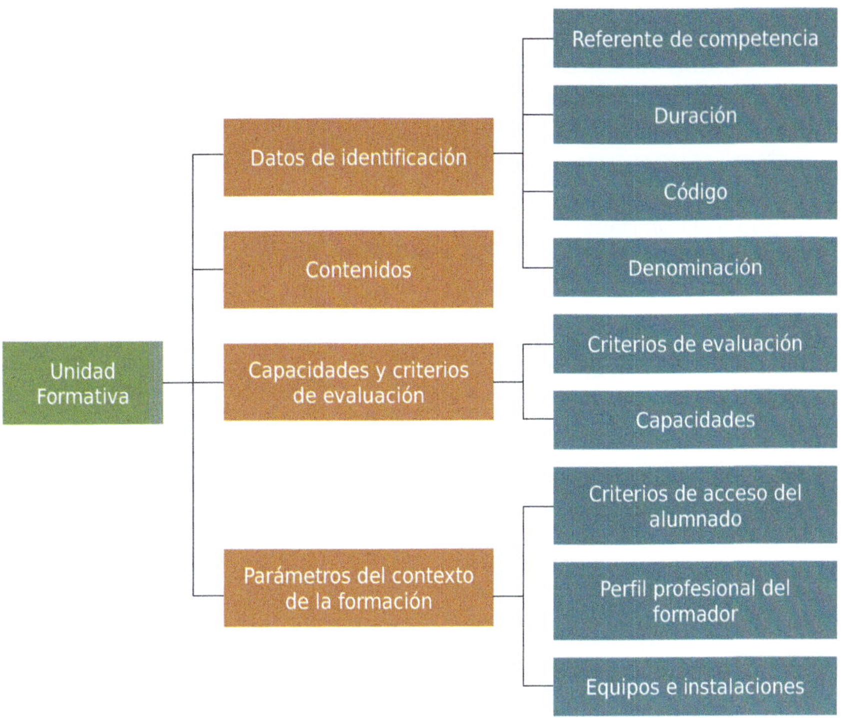

En lo **referente de competencia,** como la Unidad de Competencia se asocia a nivel de Módulo Formativo, en cada Unidad Formativa se detallan las Realizaciones Profesionales que corresponden específicamente.

Vamos a fijarnos de nuevo en la **ficha** del certificado profesional **AFDA0109. Guía por itinerarios en bicicleta,** que nos sirve de ejemplo, y tienes disponible en el siguiente enlace:

https://redirectoronline.com/mf14420206

Como se puede observar, la estructura de este certificado queda definida por cuatro **módulos formativos,** de los cuales tres de ellos han sido concretados en unidades formativas.

Si nos fijamos, vemos que dos de estas Unidades Formativas aparecen sombreadas en gris y se repiten en dos Módulos Formativos. Esto sucede porque esas Unidades Formativas son **transversales,** por tratarse de contenidos y capacidades asociados a diferentes unidades de competencia.

IMPORTANTE

Los Módulos Formativos o Unidades Formativas transversales **pueden repetirse** dentro de un mismo certificado profesional o entre diferentes certificados.

En este caso, donde se repiten dos Unidades Formativas en dos Módulos Formativos dentro del mismo certificado, **las horas solo se contabilizan una vez,** ya que las capacidades adquiridas serán contextualizadas a la Unidad de Competencia de referencia en cada Módulo Formativo.

Fíjate en la siguiente aplicación práctica, donde se detalla la duración de los diferentes Módulos Formativos y Unidades Formativas de este certificado profesional.

APLICACIÓN PRÁCTICA

Observa de nuevo la ficha del certificado profesional, y observa cómo algunos de los módulos formativos del certificado profesional se dividen en unidades formativas.

Continúa en página siguiente >>

<< Viene de página anterior

Relación de Módulos Formativos y Unidades Formativas	**Horas**
UF0296: Análisis y gestión de itinerarios en bicicletas	50
UF0297: Desplazamiento, estancia y seguridad en el medio natural y orientación sobre el terreno	30
UF0298: Desarrollo de actividades recreativas y adaptación de la actividad deportiva a personas con limitaciones de su autonomía personal	30
UF0299: Mantenimiento, reparación y traslado de bicicletas	30
UF0297: Desplazamiento, estancia y seguridad en el medio natural y orientación sobre el terreno	30
UF0300: Conducción de bicicletas por terrenos variados	80
UF0301: Desarrollo de la actividad deportiva en el medio natural	80
UF0298: Desarrollo de actividades recreativas y adaptación de la actividad deportiva a personas con limitaciones de su autonomía personal	30
MF0272_2: Primeros auxilios	40
Duración total	**400**

Observa la suma de las horas de todas las Unidades Formativas y Módulos Formativos. Sin embargo, la duración de horas de los módulos formativos de este certificado se establece en 340 h. ¿A qué se debe esta diferencia?

A las Unidades Formativas Transversales, que se comparten en varios Módulos Formativos, pero solo se contabilizan una vez.

A un error en la ficha del certificado profesional, su duración debe ser de 400 h.

SOLUCIÓN

Como se ha visto en el contenido, las Unidades formativas transversales tan solo se contabilizarán una vez, ya que son los mismos contenidos.

En caso de que el Módulo Formativo requiera de especificaciones metodológicas (secuencia obligatoria entre las unidades formativas o criterios de acceso para los alumnos) se detallarán en el subapartado **Orientaciones metodológicas.** Analicemos el de este caso:

Orientaciones metodológicas

Formación a distancia

Unidad formativa	Duración total en horas de las unidades formativas	N.º de horas máximas susceptibles de formación a distancia
Unidad formativa 1- UF0296	50	20
Unidad formativa 2- UF0297	30	10
Unidad formativa 3- UF0298	30	10

Secuencia

Para acceder a la unidad formativa 3 deben haberse superado las unidades formativas 2 y 1.

Criterios de acceso para los alumnos

Se debe demostrar o acreditar un nivel de competencia en los ámbitos señalados a continuación que asegure la formación mínima necesaria para cursar el Módulo con aprovechamiento:

- Comunicación en lengua castellana.
- Competencia matemática.
- Competencia digital.

A continuación se describen cada uno de los elementos de las orientaciones metodológicas:

- **Formación a distancia:** El R. D. 659/2023, de 18 de julio, por el que se desarrolla la ordenación del Sistema de Formación Profesional, que deroga el R. D. 189/2013, de 15 de marzo, publicado en el BOE el 21 de marzo de 2013, establece que los centros del Sistema de Formación Profesional podrán realizar oferta de grados A, B, C, D y E en modalidad virtual si disponen de una plataforma de aprendizaje en línea con capacidad suficiente para gestionar y garantizar la formación, permitiendo la interactividad y el trabajo cooperativo, así como la disponibilidad de un servicio técnico de mantenimiento.
- **Criterios de acceso para los alumnos:** con el objetivo de asegurar el adecuado aprovechamiento por parte del alumnado del Módulo Formativo, en ocasiones se establecen unos requisitos mínimos de acceso.

NOTA

Los requisitos para la impartición de las unidades formativas serán los del módulo formativo del certificado profesional al que corresponda.

ACTIVIDAD 3

Ana, la tutora que ha sido seleccionada para impartir la acción formativa vinculada al Certificado Profesional SSCG0111. Gestión de llamadas de teleasistencia, acude a la reunión con el centro de formación. La jefa de estudios del mismo le pide opinión sobre qué modalidad de impartición considera ella mejor para el perfil del alumnado al que va dirigida la acción formativa. En concreto, se trata de un grupo de 15 alumnos trabajadores en activo, la media de edad se sitúa entre los 30-35 años, y un nivel de estudios de enseñanzas profesionales superiores. Partiendo de esta información, ¿qué modalidad de impartición crees más adecuada?

a. Presencial, ya que es un grupo excesivamente pequeño para usar la modalidad virtual.
b. Semipresencial, ya que elimina las barreras espacio-temporales, lo que suele ser un problema en formación de trabajadores en activo.

Continúa en página siguiente >>

<< Viene de página anterior

c. Virtual, ya que, además de eliminar las barreras espacio-temporales, permite aprovechar recursos en la red y emplear sistemas de comunicación efectivos. El nivel de estudios del alumnado hace presuponer que poseen las competencias necesarias para desarrollar con éxito esta modalidad.

ACTIVIDAD 4

A continuación se presenta un enlace en el que encontrarás un extracto del Certificado Profesional COMV0108. Actividades de Venta.

COMV0108. Actividades de Venta.

https://redirectoronline.com/mf14420207

En concreto, se trata del desarrollo del Módulo Formativo MF1002_2. Inglés profesional para actividades de venta. ¿Existen para él criterios de acceso del alumnado?

a. No, para el acceso a módulos formativos de nivel 1 y 2 no se deben cumplir requisitos de acceso. Sí será necesario para módulos formativos de nivel 3.
b. Sí, al ser un módulo formativo de nivel 2 se aplican los criterios de acceso establecidos para el procedimiento de acreditación de competencias de este nivel: edad mínima de 20 años y poseer 3 años de experiencia laboral y/o 300 horas de formación relacionadas.
c. Sí, el alumnado deberá demostrar o acreditar un nivel de competencia adecuado en comunicación en lengua castellana, comunicación en lengua inglesa nivel A2 y competencia digital.

Continúa en página siguiente >>

<< Viene de página anterior

d. Sí, el único requisito de acceso aplicable es el relacionado con la temática del módulo formativo, por lo que el alumnado deberá demostrar o acreditar poseer una competencia en lengua inglesa nivel A2.

3.4. Prescripciones de los formadores

En torno a los **formadores,** en el Real Decreto 659/2023, de 18 de julio, por el que se desarrolla la ordenación del Sistema de Formación Profesional establece que, para impartir ofertas de formación profesional en centros del Sistema de Formación Profesional no incorporados al sistema educativo, será necesario reunir uno de los siguientes requisitos:

Competencia docente

- Disponer del título de grado universitario, licenciado o licenciada, Ingeniero o Ingeniera y Arquitecto o Arquitecta, o titulación equivalente o, en su caso, la titulación de Formación Profesional que, a efectos de docencia, se determine, de acuerdo con la normativa que regule cada grado.
- Disponer del Certificado Profesional de habilitación para la docencia en grados A, B y C del Sistema de Formación Profesional. Se considerará autorizados, a efectos de docencia en los módulos profesionales de los grados B y C o bloques formativos de grados A, además de los que estén en posesión del grado universitario, o titulación equivalente, los que cuenten con una titulación de Técnico o Técnico Superior o, en su caso, una certificado profesional de nivel 2 o nivel 3.
- Las administraciones competentes podrán eximir de la exigencia del requisito del Certificado Profesional de habilitación para la docencia en grados A, B y C del Sistema de Formación Profesional durante la primera acción formativa en que el formador o formadora participe como tal.

Requisitos específicos establecidos en el certificado profesional

- Tener al menos cuatro años de experiencia profesional ajustada a los estándares de competencia o elementos de competencia asociados a los módulos profesionales o bloques formativos a impartir, que actuarán en calidad de personal experto, y disponer del Certificado Profesional de habilitación para la docencia en grados A, B y C del Sistema de Formación Profesional. Las administraciones competentes podrán flexibilizar la exigencia del requisito del Certificado Profesional de habilitación para la docencia en grados A, B y C del Sistema de Formación Profesional durante el ejercicio como persona formadora en una acción formativa.
- En el caso de personas expertas, tendrán prioridad quienes acrediten una experiencia como tutor o tutora dual de empresa u organismo equiparado, o experiencia docente de, al menos, 600 horas en los últimos cinco años en formación profesional.

Veamos en el ejemplo que nos ocupa las **Prescripciones de los Formadores:**

IV. Prescripciones de los formadores

Módulo Formativo	Titulación requerida	Experiencia profesional requerida en el ámbito de la unidad de competencia	
		Si se cuenta con titulación	**Si no se cuenta con titulación**
MF0353_2: Itinerarios para bicicleta	- Licenciado en Ciencias de la Actividad Física y del Deporte. - Licenciado en Psicología. - Licenciado en Ciencias Ambientales. - Licenciado en Sociología. - Licenciado en Derecho. - Certificado de Profesionalidad de nivel 3 en el Área profesional de Actividades físico-deportivas recreativas. - Título de Técnico Superior en Actividades Físicas y Deportivas.	1 año	Imprescindible titulación

Aquí se establecen los requisitos específicos para impartir cada módulo formativo. A estos deberá sumarse la competencia docente, y la competencia en teleformación del tutor-formador, en caso de que sea esa la modalidad en la que se desarrolle la acción formativa.

TAREA 2

Continuando con el diseño de la propia acción formativa, y partiendo del análisis previo realizado en la tarea anterior, donde elegiste un certificado profesional sobre el que diseñar una acción formativa:

- Analiza los referentes formativos y profesionales de los Módulos Formativos y/o Unidades Formativas.
- Determina los requerimientos de la formación a programar (perfil de acceso del alumnado, perfil de los tutores, duración, unidades de competencia, contenidos, metodología, recursos necesarios, entre otros).

3.5. Requisitos mínimos de espacios, instalaciones y equipamiento

En el último bloque se establecen los **Requisitos mínimos de espacios, instalaciones y equipamiento,** enumerando elementos mínimos del equipamiento, dimensiones de las aulas, talleres, etc. Estos requisitos deberán cumplirse para la modalidad presencial, y para las tutorías presenciales, en caso de que el certificado profesional pueda ser impartido en virtual y contemplara este tipo de tutorías.

V. REQUISITOS MÍNIMOS DE ESPACIOS, INSTALACIONES Y EQUIPAMIENTO

Espacio Formativo	**Superficie m^2 15 alumnos**	**Superficie m^2 25 alumnos**
Aula taller físico-deportiva	60	100
Almacén de bicicletas	60	100
Taller de primeros auxilios	60	100

Espacio Formativo	**M1**	**M2**	**M3**	**M4**
Aula taller físico-deportiva	X	X	X	X
Almacén de bicicletas		X		
Taller de primeros auxilios				X

En los módulos M1, M2 y M3 es necesario un entorno natural, espacio singular no necesariamente ubicado en el centro de formación.

Espacio Formativo	**Equipamiento**
Aula taller físico-deportiva	- Mesa y silla para el formador, mesa y sillas del alumnado, pizarra, rotafolios, equipos audiovisuales (DVD, cañón, portátil), material de aula, PC instalados en red, conectados a internet, estanterías con el material básico de primeros auxilios, camilla, aislantes para trabajar la práctica de los primeros auxilios básicos. - Equipamientos personales: paravientos, gafas, cascos. - Material de orientación: brújulas, curvímetro, escalímetro, lupa.

En este apartado se establecen las características y dimensiones que deberán tener las instalaciones para el correcto desarrollo de la formación, enumerándose también el equipamiento necesario. Estos requisitos serán mínimos.

3.6. Formación presencial y en línea

El mencionado **R. D. 659/2023** también establece que la formación vinculada a los certificados profesionales podrá impartirse en **modalidad presencial, semipresencial o virtual.**

De acuerdo con el Real Decreto 659/2023, los centros podrán ofertar formación en modalidad virtual si cuentan con una plataforma de aprendizaje que cumpla ciertos requisitos, garantizando la calidad del aprendizaje y la flexibilidad de este.

El **Real Decreto 659/2023,** de 18 de julio determina todo el sistema de formación profesional, incluyendo los Certificados profesionales. Estos podrán impartirse en modalidad virtual, siempre y cuando los centros cuenten con una plataforma de aprendizaje que cumpla con ciertos requisitos:

1. Herramientas de gestión de contenidos, de comunicación y colaboración, de seguimiento y evaluación, complementarias, así como integración de herramientas de Administración y gestión para los procesos de inscripción y registro.
2. Garantía de los niveles de fiabilidad, seguridad, accesibilidad e interactividad señalado en las normas UNE que les puedan ser de aplicación y otras específicas del sector, de acuerdo con las especificaciones técnicas que se establezcan reglamentariamente.
3. Dispositivos de acceso simultáneo para todos los posibles usuarios, garantizando un ancho de banda de la plataforma que se mantenga uniforme en todas las etapas del curso.

El objetivo de esta iniciativa es configurar una oferta formativa flexible y de calidad, aprovechando las ventajas que ofrece la modalidad virtual. La formación vinculada a certificados profesionales desarrollada mediante teleformación tendrá la **misma validez y efectos que la modalidad presencial.**

En la modalidad virtual, la evaluación de los módulos formativos será realizada por el profesorado, formadores y formadoras y personas expertas, mediante un seguimiento del proceso de aprendizaje y una prueba de evaluación final de carácter presencial.

El seguimiento del proceso de aprendizaje incluirá el análisis de las actividades y los trabajos presentados en la plataforma virtual y realizados a lo largo de la acción formativa, así como la participación en las herramientas de comunicación que se establezcan. Los criterios de evaluación establecidos de forma cuantificada de cada una de las actividades que intervienen en el proceso de aprendizaje se aplicarán según lo definido en el proyecto formativo.

Una vez finalizada la acción formativa la **Administración laboral expedirá,** para cada participante, una **certificación de los módulos,** incluido en su caso, el de formación práctica en centros de trabajo, que en ningún caso podrá impartirse en la modalidad virtual.

El **Servicio Público de Empleo Estatal realizará la acreditación de los centros y entidades de formación** que impartan la formación conducente a la obtención de un certificado profesional en la modalidad virtual, y deberán cumplir las exigencias técnicas sobre tutores-formadores, proyecto formativo, plataforma virtual y materiales y soportes didácticos que configuran el curso completo que recibirá el alumno.

TAREA 3

En esta tarea vamos a continuar con el diseño de la acción formativa iniciado en una anterior tarea. Una vez que has elegido el tipo de acción formativa y el certificado profesional vinculado, deberás determinar el perfil profesional y formativo de los potenciales destinatarios de tu acción formativa, identificando además sus características y necesidades. Para ello, realiza una labor de documentación, detallando las fuentes de información que avalan el perfil definido.

Además, teniendo en cuenta las características del perfil destinatario y lo expuesto en relación a las modalidades de impartición, identifica la/s modalidad/es de impartición posibles para el caso concreto y determina la más adecuada.

4. Programación didáctica vinculada a la Certificación Profesional

La **programación didáctica** se entiende como una **planificación del proceso de enseñanza-aprendizaje,** mediante la cual se deberán tomar las decisiones sobre qué y cómo se va a enseñar a lo largo de un proceso formativo. Esto ha de quedar registrado por escrito.

Aunque en la siguiente unidad se verán con mayor detenimiento todos los **elementos que debe contener una programación didáctica,** a modo de resumen se enumeran los siguientes:

- **Objetivos:** objetivos de aprendizaje que se pretenden conseguir.
- **Contenidos:** contenidos a través de los que se conseguirán los objetivos establecidos.
- **Metodología:** metodología que se empleará en la formación.
- **Actividades:** actividades diseñadas para la adquisición del aprendizaje.
- **Duración:** duración de la acción formativa y calendarización de las iniciativas previstas en la programación.
- **Recursos humanos y didácticos:** recursos humanos y didácticos, como materiales, instalaciones, equipamiento, etc.
- **Sistema de evaluación:** sistema de evaluación que se utilizará para comprobar el nivel de adquisición de los objetivos de aprendizaje.

NOTA

La programación didáctica debe permitir las **adaptaciones** necesarias para la atención a la diversidad.

Cuando la acción formativa está vinculada a certificados profesionales, el diseño de la programación didáctica deberá tener como referencia lo establecido en estos, ya que de ello dependerá que la formación obtenida sea reconocida y acreditable por la Administración.

TAREA 4

Para la realización de esta actividad, escoge una de las acciones formativas (certificado profesional) que se exponen a continuación, en ellas podrás consultar el perfil destinatario.

Continúa en página siguiente >>

<< Viene de página anterior

COMV0108. Actividades de venta

https://redirectoronline.com/14420208

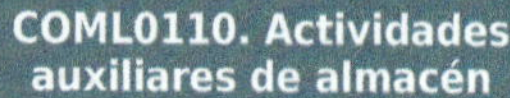

https://redirectoronline.com/mf14420207

En base al diseño facilitado, realiza la planificación de la acción formativa, concretando objetivos, contenidos, métodos didácticos, actividades, recursos, temporalización y sistema de evaluación. El certificado profesional de referencia deberá servir de guía para esta planificación.

5. Resumen

Para los certificados profesionales se establece el Grado C del actual sistema de formación profesional. Al igual que los otros grados también se van a distribuir en tres niveles, atendiendo a niveles de complejidad.

La duración de los mismos será variable y deberá ser establecida por las administraciones competentes, atendiendo a los criterios propios de cada especialidad en cuanto al número de horas necesarias de formación para lograr unas competencias concretas.

Por otro lado, se establecen los siguientes requisitos para el acceso:

1. Para el **Grado C nivel 1** no se exigen requisitos académicos ni profesionales, aunque se han de poseer las habilidades de comunicación suficientes que permitan el aprendizaje.
2. Para acceder al certificado de **Grado C nivel 2,** se requerirá estar en posesión del Graduado en Educación Secundaria Obligatoria, un certificado profesional de nivel 2, un certificado de competencia incluido en la

oferta a realizar, o un certificado profesional de nivel 1 de la misma familia profesional.

3. Para el acceso al **Grado C de nivel 3** se requiere el título de Técnico o Técnico Superior, de Bachiller o equivalente a efectos de acceso, un Certificado Profesional de nivel 3, un Certificado de Competencia incluido en la oferta a realizar o un Certificado Profesional de nivel 2 de la misma familia profesional.
4. Por último, se determina que las **administraciones competentes** estarán en el deber de realizar pruebas de acceso individuales para aquellas personas que no cumplan los requisitos académicos. La prueba de acceso deberá acreditar que la persona posee los conocimientos y habilidades suficientes para cursar con aprovechamiento las formaciones correspondientes.

La obtención del Certificado Profesional podrá realizarse tanto por la vía puramente académica como por la homologación de experiencia previa, o acreditación de certificados de competencia (grado B).

La estructura para los certificados profesionales es la siguiente:

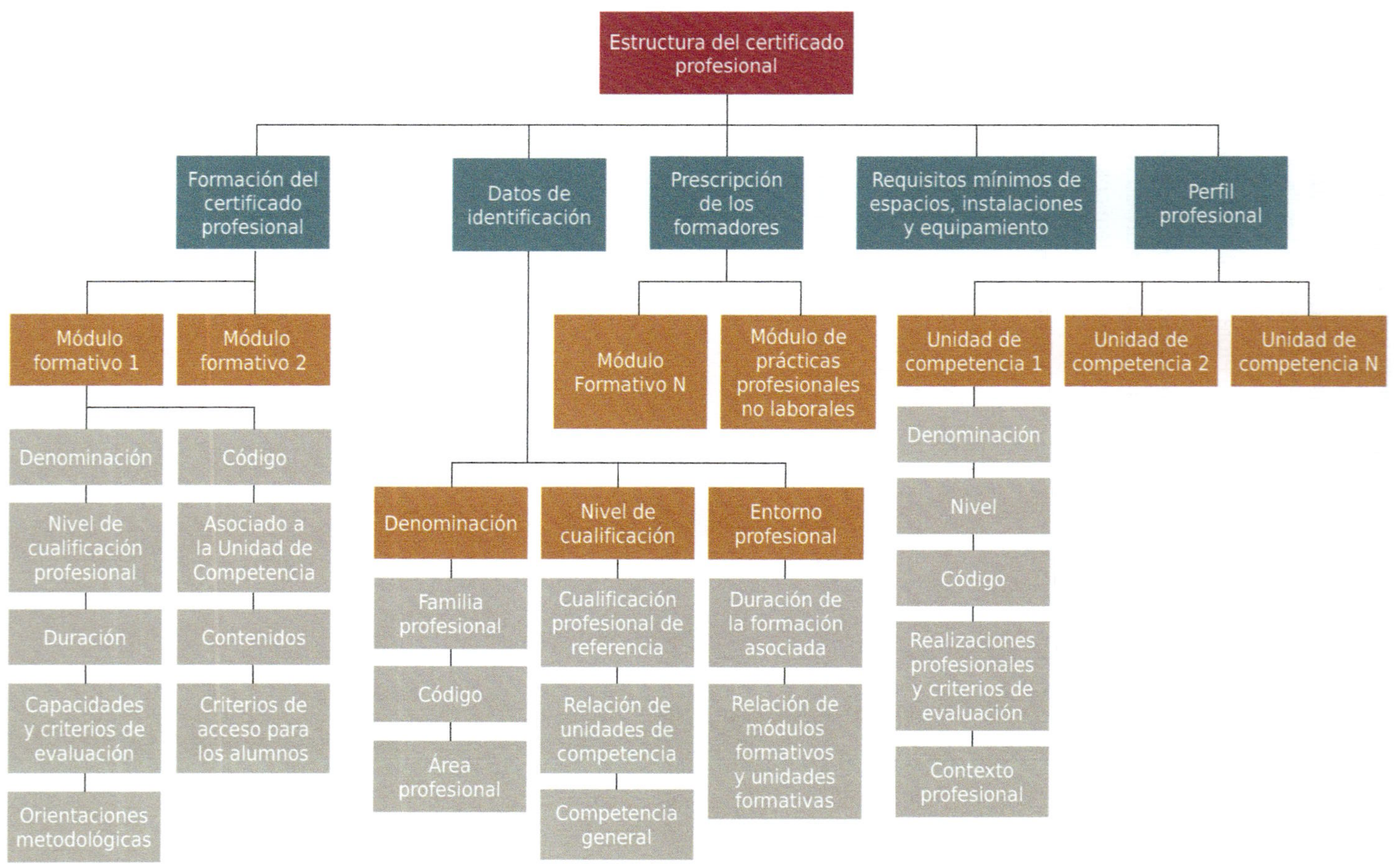
Estructura del certificado profesional
Formación del certificado profesional
Datos de identificación
Prescripción de los formadores
Requisitos mínimos de espacios, instalaciones y equipamiento
Perfil profesional
Módulo formativo 1
Módulo formativo 2
Módulo Formativo N
Módulo de prácticas profesionales no laborales
Unidad de competencia 1
Unidad de competencia 2
Unidad de competencia N
Denominación
Nivel de cualificación profesional
Duración
Capacidades y criterios de evaluación
Orientaciones metodológicas
Código
Asociado a la Unidad de Competencia
Contenidos
Criterios de acceso para los alumnos
Denominación
Familia profesional
Código
Área profesional
Nivel de cualificación
Cualificación profesional de referencia
Relación de unidades de competencia
Competencia general
Entorno profesional
Duración de la formación asociada
Relación de módulos formativos y unidades formativas
Denominación
Nivel
Código
Realizaciones profesionales y criterios de evaluación
Contexto profesional

En la siguiente unidad didáctica se profundizará en la elaboración de una programación didáctica donde se plasmen sus elementos principales:

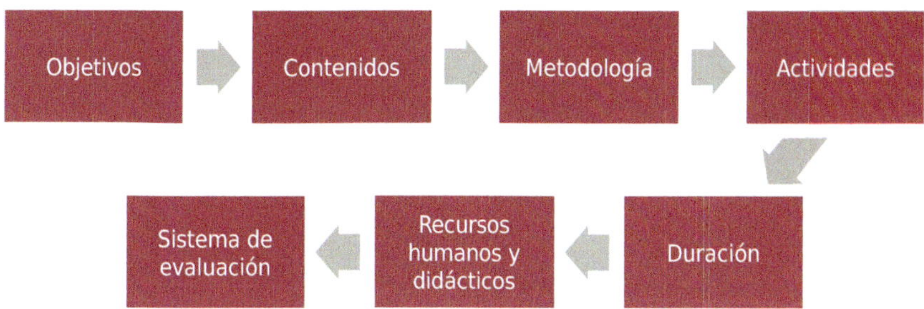

Ejercicios de autoevaluación Unidad de Aprendizaje 2

1. **¿Qué ley es la que regula en la actualidad el sistema de formación profesional?**

   a. Ley Orgánica 6/2012, de 13 de abril, de ordenación de la Formación Profesional.
   b. Ley Orgánica 3/2022, de 31 de marzo, de ordenación e integración de la Formación Profesional.
   c. Ley Orgánica 2/2006, de 3 de mayo, de Educación.
   d. Ley Orgánica 2/2008, de 3 de mayo, de Educación.

2. **Señale si las siguientes afirmaciones son verdaderas o falsas.**

   a. Los Certificados Profesionales serán otorgados por la administración competente.

      - Verdadero
      - Falso

   b. Los Certificados Profesionales estarán Inscritos en el Registro Estatal de Formación Profesional.

      - Verdadero
      - Falso

   c. Los Certificados Profesionales solo tendrán validez a nivel autonómico.

      - Verdadero
      - Falso

3. **¿Qué requisitos son necesarios para acceder a cursos de un ciclo formativo de Grado C de nivel 1?**

   a. No son necesarios requisitos académicos ni profesionales.
   b. Estar en posesión del Graduado en ESO.
   c. Título de técnico o de Bachiller.
   d. Haber superado la prueba de acceso con más de 6 puntos.

4. Las titulaciones o credenciales expedidas por las administraciones por la superación de una oferta formativa de Grado C que no esté incluida en el Catálogo Nacional de Oferta de Formación Profesional, tendrán validez...

a. ... nacional.
b. ... autonómico.
c. ... europeo.
d. ... local.

5. Señale si las siguientes afirmaciones son verdaderas o falsas:

a. Los Certificados Profesionales se corresponderán con la oferta formativa de Grado C, que constituye un tipo de oferta parcial y acumulable dentro del sistema de formación Profesional.

- Verdadero
- Falso

b. El grado C podrá obtenerse como resultado de superar esta formación, o bien por la acumulación de los certificados de competencia que constituyan el Grado A y que completen la totalidad de los módulos profesionales incluidos en la misma.

- Verdadero
- Falso

6. ¿Cuál es el principal criterio de la administración para determinar las formaciones de grado C e incluirlas en el Catálogo Nacional de Ofertas de Formación Profesional?

a. La significación para el mercado laboral.
b. Que esté asimilado al marco europeo.
c. Que sean ofertas formativas demandadas por una empresa.
d. Todas las opciones son incorrectas.

7. Señala cuál de los siguientes no es un dato de los que deben incluir

los módulos formativos de los certificados.

a. Datos de identificación.
b. Contenidos.
c. La relación de los módulos formativos del certificado.
d. Parámetros y criterios del contexto formativo.

8. De las siguientes frases, indica si son verdaderas o falsas.

a. Las pruebas de acceso están enfocadas a aquellas personas que no cumplen con los requisitos académicos, pero que sí poseen los conocimientos y habilidades suficientes para cursar con aprovechamiento las formaciones correspondientes.

- Verdadero
- Falso

b. El alumnado que curse una formación profesional en modalidad virtual deberá realizar una prueba de evaluación *online.*

- Verdadero
- Falso

c. Una vez superadas todas las unidades formativas que contenga un módulo, se tendrá derecho a la certificación del mismo, siempre y cuando se haya cursado al menos una unidad formativa por año de forma consecutiva.

- Verdadero
- Falso

9. La programación didáctica debe permitir las__________ necesarias para la atención a la diversidad.

a. modificaciones
b. adaptaciones
c. eliminaciones
d. alteraciones de contenido

10. ¿Cuál de los siguientes no es un elemento a tener en consideración en la programación didáctica vinculada a la certificación profesional?

a. Índice
b. Objetivos
c. Contenidos
d. Metodología

Unidad de Aprendizaje 3

Elaboración de la programación didáctica de una acción formativa en formación para el empleo

Contenido

1. Introducción
2. La formación por competencias
3. Características generales de programación de acciones formativas
4. Los objetivos: definición, funciones, clasificación, formulación y normas de redacción
5. Los contenidos formativos: conceptuales, procedimentales y actitudinales. Normas de redacción. Funciones. Relación con los objetivos y la modalidad de formación
6. Metodología: métodos y técnicas didácticas
7. Las actividades: tipología, estructura, criterios de redacción y relación con los contenidos
8. Recursos pedagógicos. Relación de recursos, instalaciones, bibliografía, anexos: características y descripción
9. Temporalización
10. Criterios de evaluación: tipos, momento, instrumentos, ponderaciones
11. Observaciones para la revisión, actualización y mejora de la programación
12. Resumen

Objetivos

Los objetivos específicos de esta Unidad de Aprendizaje son:

→ Conocer las características generales de la programación de una acción formativa.

→ Elaborar la programación de una acción formativa.

1. Introducción

Una **programación didáctica se compone** de diferentes elementos, los cuales se estudiarán en la presente unidad de aprendizaje, junto con las especificaciones referidas a la programación didáctica en las acciones formativas en la formación para el empleo. Se expondrán diversos **ejemplos reales** incluidos en los certificados de profesionalidad, para así realizar una programación didáctica de una forma práctica y aplicada.

Las programaciones didácticas y las características de sus elementos se detallarán en las siguientes páginas, siempre **adaptándose a las particularidades** establecidas para los certificados de profesionalidad.

Partiremos del caso de Julia, docente del centro de formación Paideia, que ha asistido a las sesiones formativas que ha realizado Jorge, y por quien será asesorada en la elaboración de la programación didáctica.

2. La formación por competencias

HILO CONDUCTOR

Antes de comenzar a planificar y elaborar la programación didáctica Julia debe conocer en qué consiste la evaluación por competencias, partiendo de su significado.

Por **competencia** se entiende la combinación de conocimientos, capacidades y actitudes adecuadas al contexto.

DEFINICIÓN

Competencias básicas
Aquellas que son consideradas necesarias para la realización y desarrollo personal, para participar activamente en la sociedad o mejorar la empleabilidad.

Continúa en página siguiente >>

<< Viene de página anterior

Competencia profesional

La Recomendación del Consejo de 22 de mayo de 2018 relativa a las competencias clave para el aprendizaje permanente, establece un marco de referencia de ocho capacidades clave para contribuir una vida exitosa en la sociedad. Las competencias profesionales se recogen en los estándares de competencia profesional, que servirán para el diseño de cualquier oferta de formación profesional. (Ley Orgánica 3/2022, de 31 de marzo, de ordenación e integración de la Formación Profesional).

La **Recomendación 2006/962/CE** del Parlamento Europeo y del Consejo 18, de diciembre de 2006, establece un modelo formativo centrado en **competencias clave.** Estas competencias serán necesarias para adaptarse a un mundo cambiante e interconectado, estableciéndose que la formación y la educación han de jugar un papel básico para garantizar que los ciudadanos europeos se adapten de un modo flexible a estos cambios.

Las competencias clave son aquellas que toda persona precisa para su **realización y desarrollo personales,** así como la ciudadanía activa, la inclusión social y el empleo.

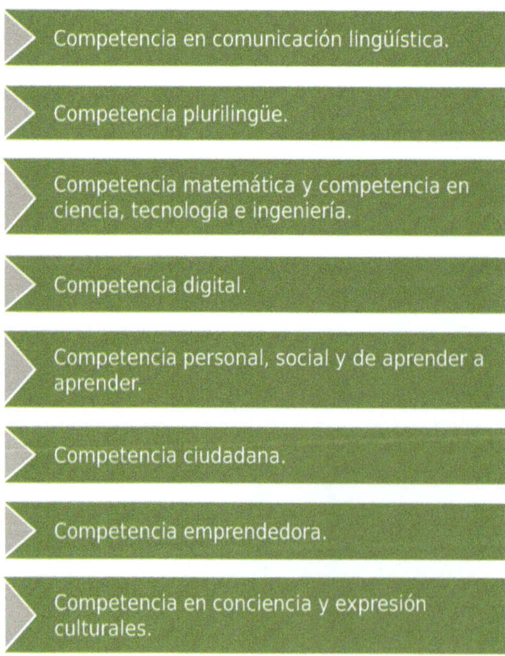

Desde esta perspectiva, se entiende que la **competencia profesional** es el conjunto de conocimientos y capacidades que permiten el ejercicio de la actividad profesional, conforme a las exigencias de producción y empleo.

Así, la **programación didáctica** de cada acción formativa irá **enfocada a la adquisición de las competencias profesionales** para el desarrollo profesional de la ocupación.

3. Características generales de programación de acciones formativas

HILO CONDUCTOR

Julia es formadora especializada en Turismo. El centro de formación para el que trabaja tiene previsto iniciar el próximo mes un curso financiado por la Administración, dirigido prioritariamente a personas desempleadas, que quieran obtener el Certificado Profesional HOTG0108. Creación y gestión de viajes combinados y eventos.

El inicio del curso está previsto para el próximo mes, por lo que Julia debe comenzar a analizar la realidad contextual de la acción formativa y desarrollar su programación didáctica. Para ello, seguirá los pasos que se detallan a continuación.

Como se definió en la anterior unidad, la **programación didáctica** es la planificación de la acción educativa, donde se detalla por escrito cómo se realizará el proceso educativo.

Los **elementos que debe contener toda programación didáctica** son los siguientes:

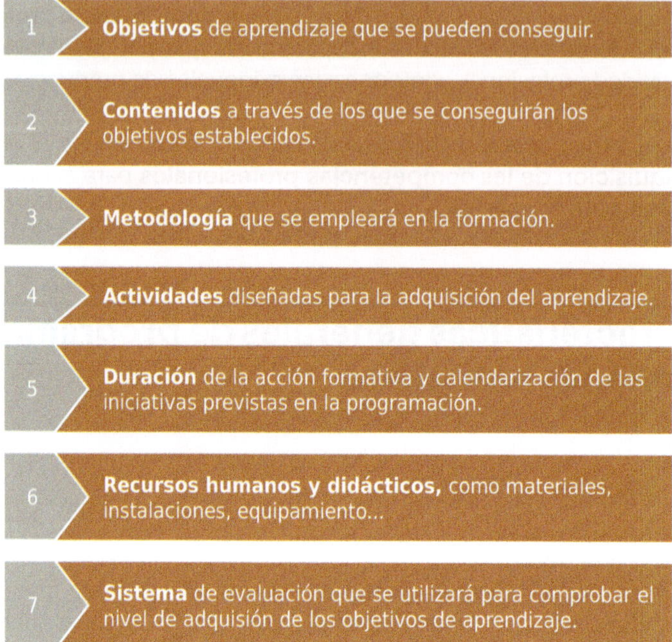

Cada uno de estos elementos deberá adaptarse a la naturaleza de la acción formativa, contexto en que se desarrollará la misma, características del alumnado y modalidad en la que se imparta.

Como también se trató en la unidad didáctica anterior, antes de proceder a desarrollar los diferentes apartados de la programación didáctica, el **tutor-formador** debe realizar un **análisis previo,** prestando especial atención a la ubicación de la acción formativa en las iniciativas de Formación Profesional para el Empleo y su vinculación con el perfil profesional.

Para desarrollar la programación didáctica, hay que seguir los pasos que se detallan a continuación:

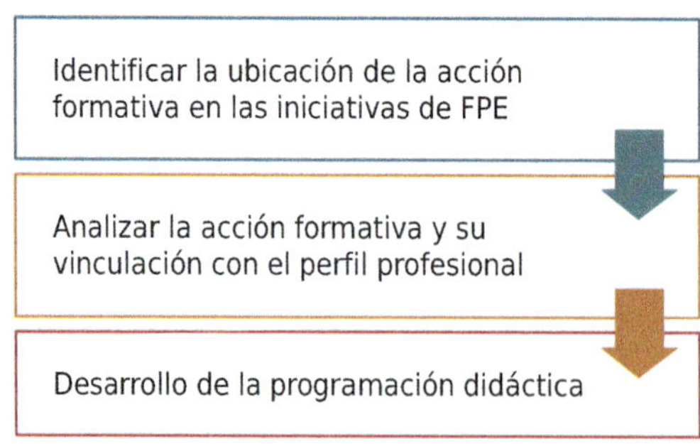

3.1. Paso 1. Identificar la ubicación de la acción formativa en las iniciativas de FP

En la primera unidad de aprendizaje estudiaste las distintas iniciativas de formación que configuran el sistema de Formación Profesional, ¿las recuerdas?

En la siguiente aplicación práctica te proponemos que ayudes a Julia a encuadrar su curso en el tipo de iniciativa que le corresponda.

Recordemos que la acción formativa que impartirá Julia está financiada por la Administración y dirigida prioritariamente a personas desempleadas. En la primera unidad didáctica analizamos las diferentes iniciativas en las que se estructura la Formación Profesional.

En base a las características analizadas, señala en qué iniciativa se encuadraría el curso de Julia.

a. **Formación de demanda.**
b. **Formación de oferta.**
c. **Acreditación parcial de competencia.**
d. **Certificado Profesional.**

Solución

El objetivo prioritario de los planes de formación de oferta es la inserción o reinserción laboral de los trabajadores desempleados, cualificándolos para el correcto ejercicio de la ocupación relacionada.

Julia tendrá que tener muy en cuenta el hecho de que esta acción formativa persiga la cualificación de sus alumnos para el ejercicio de la ocupación relacionada, ya que será también función del tutor-formador la de **orientar al alumno en su proceso de búsqueda de empleo,** procurando el ajuste entre las demandas del sector específico de la ocupación y el perfil de su alumnado demandante de empleo.

El diseño de la acción formativa debe tener en cuenta también las **características del alumnado** al que va dirigida. En el caso de la Formación Profesional serán personas adultas, por lo que deberán seguirse las siguientes **premisas del aprendizaje adulto:**

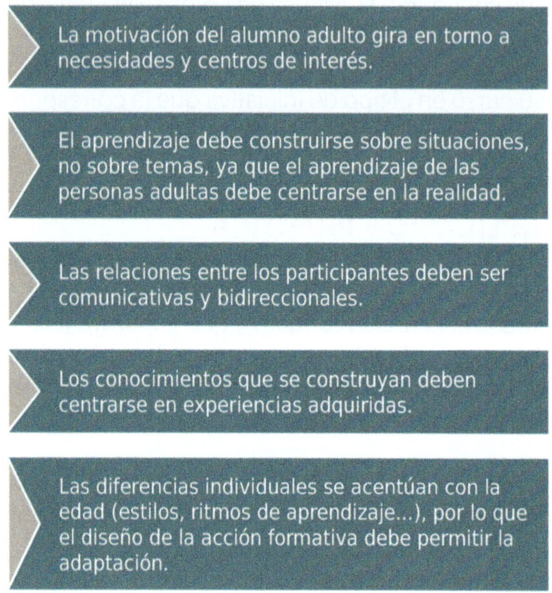

Esta acción formativa fue **aprobada en el plan de oferta,** en el que se incluía, con **modalidad presencial.**

NOTA

De acuerdo con el Real Decreto 659/2023, los certificados profesionales pueden realizarse en modalidad presencial o virtual. En este caso, se impartirá presencialmente.

APLICACIÓN PRÁCTICA

María, alumna de la Academia Paideia, está interesada en formarse como organizadora de viajes combinados y eventos, ya que su tía es propietaria de una pequeña tienda de Viajes Organizados y le gustaría tener la posibilidad de trabajar con ella. Para ello, se dirige a Jorge, buscando información sobre la duración de la formación, la posibilidad de realizar prácticas profesionales y el nivel de la acción formativa.

Recordemos que esta acción formativa está reglada en la siguiente ficha (HOTG0108) Creación y gestión de viajes combinados y eventos (R. D. 1376/2008, de 1 de agosto, modificado por el R. D. 619/2013, de 2 de agosto).

https://redirectoronline.com/mf14420309

Accede a este enlace y contesta a las siguientes preguntas:

a. ¿Por cuántos módulos está compuesto?
b. ¿Contiene prácticas profesionales en empresas u organizaciones asimiladas?
c. ¿De qué nivel es?

Solución

a. Está compuesto por 5 módulos.
b. Sí, contiene prácticas en empresa por un total de 160 horas.
c. Es de nivel 3.

3.2. Paso 2. Analizar la acción formativa y su vinculación con el perfil profesional

Con el objetivo de conocer con exactitud el referente ocupacional al que va dirigido la acción formativa, Julia debe consultar las características del entorno profesional definidas en el certificado profesional. En este enlace puedes consultar el certificado profesional:

HOTG0108. Creación y gestión de viajes combinados y eventos

https://redirectoronline.com/mf14420301

En la siguiente imagen podrás observar un ejemplo de la información y subapartados que incluye el entorno profesional.

ANEXO X

I. IDENTIFICACIÓN DEL CERTIFICADO PROFESIONAL

Denominación: Creación y gestión de viajes combinados y eventos

Código: HOTG0108

Familia Profesional: Hostelería y turismo

Nivel de cualificación profesional: 3

Cualificación profesional de referencia:

HOT330_3 Creación y gestión de viajes combinados y eventos. (RD 1700/2007, de 14 de diciembre)

Relación de unidades de competencia que configuran el certificado de profesionalidad:

UC1055_3: Elaborar y operar viajes combinados, excursiones y traslados.
UC1056_3: Gestionar eventos.
UC0268_3: Gestionar unidades de información y distribución turísticas.
UC1057_2: Comunicarse en inglés, con un nivel de usuario independiente, en las actividades turísticas.

Competencia general:

Crear y operar viajes combinados, productos similares y eventos, utilizando, en caso necesario, la lengua inglesa, y gestionar el departamento o unidad correspondiente de la agencia de viajes o entidad equivalente.

Entorno Profesional:

Ámbito profesional:

Desarrolla su actividad preferentemente en unidades productivas de agencias de viajes, tour-operadores, entidades organizadoras de congresos, departamentos de eventos en establecimientos hoteleros y oficinas de promoción turística, tanto en el sector público como privado.

Sectores productivos:

Sector turístico, principalmente en los subsectores de la distribución y promoción turística, en agencias de viajes emisoras minoristas y mayoristas-minoristas, *tour*-operadores, agencias de viajes receptoras, oficinas y entidades de promoción turística y organizadores profesionales de congresos u OPC. También en establecimientos como hoteles, centros de congresos y entidades organizadoras de eventos.

Ocupaciones o puestos de trabajo relacionados:

3314.005.2 Promotor de agencia de viajes
3314.005.2 Promotor de agencia de viajes mayorista.
3314.002.5 Técnico de ventas en agencias de viajes
3314.002.5 Empleado o jefe de departamento de reservas de agencia mayorista.
3314.003.4 Técnico de producto agencias de viajes
3314.003.4 Programador de viajes combinados en agencias de viajes mayoristas y minoristas.
3314.003.4 Responsable del departamento nacional o internacional en agencias de viajes mayoristas.
3314.001.6 Técnico en agencias de viajes
3314.006.1 Transferista de agencias de viajes.
Coordinador de calidad en agencias de viajes mayoristas o en empresas profesionales organizadoras de congresos u OPC y en entidades organizadoras de eventos y ferias.
Técnico o promotor de Oficinas de Congresos y de empresas organizadoras de congresos u OPC.
Técnico o promotor de centros de congresos.
Empleado de entidad organizadora de ferias y eventos.
Responsable de departamento de eventos en entidades hoteleras

Duración de la formación asociada: 670 horas

Relación de módulos formativos y de unidades formativas:

MF1055_3: Elaboración y gestión de viajes combinados. (150 horas)
- UF0073: Productos, servicios y destinos turísticos. (90 horas)
- UF0074: Planificación, programación y operación de viajes combinados. (60 horas)

MF1056_3: Gestión de eventos. (150 horas)
- UF0075: Planificación, organización y control de eventos. (90 horas)
- UF0076: Comercialización de eventos. (30 horas)
- UF0043: Gestión de protocolo. (30 horas)

MF0268_3: Gestión de unidades de información y distribución turísticas. (120 horas)
- UF0077: Procesos de gestión de unidades de información y distribución turísticas. (70 horas)
- UF0049: Procesos de gestión de calidad en hostelería y turismo (50 horas)

MF1057_2: Inglés profesional para turismo. (90 horas)

MP0018: Módulo de prácticas profesionales no laborales de Creación y gestión de viajes combinados y eventos. (160 horas)

II. PERFIL PROFESIONAL DEL CERTIFICADO DE PROFESIONALIDAD

Unidad de competencia 1

Denominación: ELABORAR Y OPERAR VIAJES COMBINADOS, EXCURSIONES Y TRASLADOS

Nivel: 3
Código: UC1055_3

Realizaciones profesionales y criterios de realización

RP1: Elaborar viajes combinados que resulten adecuados y competitivos para su oferta

De esta forma, Julia tendrá un claro referente sobre el contexto profesional al que debe orientar a sus alumnos.

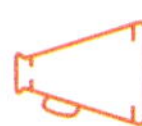

RECUERDA

El apartado Entorno Profesional de un certificado profesional señala, con carácter orientador, el ámbito profesional: sectores productivos, ocupaciones y puestos de trabajo relevantes, o tipo de organizaciones, área o servicio dentro de la organización.

3.3. Paso 3. Características generales de programación de acciones formativas

Tras este análisis contextual del tipo de acción formativa que debe desarrollar, Julia ya está en disposición de elaborar la programación didáctica de su curso, teniendo en cuenta las indicaciones que el certificado profesional establezca relacionadas con cada elemento de la programación.

En los siguientes apartados se profundizará en cada uno de dichos elementos.

TAREA 5

En esta tarea continuamos avanzando en el diseño de nuestra acción formativa. Teniendo en cuenta el diseño inicial y la definición del perfil destinatario de la acción formativa ya determinado en la anterior unidad:

- Identifica la ubicación de tu acción formativa en las iniciativas de FP.
- Analiza la acción formativa a programar y su vinculación con el perfil profesional ya definido.
- Determina la modalidad de impartición.
- Desarrolla orientaciones generales sobre la estructura, características, metodología de trabajo y contenidos a impartir según la modalidad de impartición.

4. Los objetivos: definición, funciones, clasificación, formulación y normas de redacción

HILO CONDUCTOR

Julia, teniendo en cuenta lo expuesto, procede a elaborar la programación de la acción formativa. Recordamos que, al estar vinculada a un certificado profesional, debe tener como referencia lo establecido en dicho documento. De esta forma, el objetivo general y los objetivos específicos vienen determinados por la competencia general y las unidades de competencia, respectivamente.

La importancia de los objetivos para el aprendizaje radica en que constituyen el primer elemento a tener en cuenta en la programación didáctica, ya que **los objetivos expresan los resultados del aprendizaje** y van a condicionar el resto de los elementos del proceso de enseñanza-aprendizaje.

No existe una única definición de los objetivos, cada una de las definiciones estará influenciada por las diferentes corrientes o teorías pedagógicas en las que se enmarque el proceso de enseñanza-aprendizaje. Entre las numerosas **definiciones** que proponen los teóricos de la educación se pueden encontrar las siguientes:

Bloom (1956)	Ausubel (1976)	Rodríguez Diéguez (1980)
- Las modificaciones producidas en los individuos como resultados de experiencias educativas.	- Un objetivo es lo que el estudiante debe poder hacer o decir una vez que ha terminado la lección, o en un plazo largo cuando ha terminado la educación.	- Comportamientos esperados en alumnos como consecuencia de determinadas docentes y discentes, comportamientos que deben ser susceptibles de observación y evaluación.

En el contexto de la FP se consideran los objetivos como aquellos **resultados que se espera que consiga el alumnado** tras el proceso de aprendizaje, es decir, las **habilidades a adquirir,** las **actitudes a desarrollar** y los **conocimientos a aprender,** que estarán íntimamente ligados al concepto de **competencia profesional.**

Las **funciones básicas** que cumplen los objetivos se pueden resumir en dos:

- Servir de guía al proceso de enseñanza-aprendizaje, orientando el desarrollo de las acciones para la consecución de los fines propuestos.
- Proporcionar criterios para su control y evaluación, ya que será muy importante la concreción de los objetivos para poder evaluar si estos se cumplen o no y en qué medida.

ACTIVIDAD COMPLEMENTARIA

1. Reflexiona sobre el concepto de objetivo, partiendo de los conceptos estudiados y de la importancia que presentan en la Formación Profesional, para así elaborar tu propio concepto.

4.1. Clasificación de los objetivos

Los objetivos han sido estudiados por diversos autores y en diferentes épocas, por lo que encontramos distintas clasificaciones, muchas de ellas con aspectos en común y otras con diferentes variantes.

Algunas de las **clasificaciones de objetivos más extendidas** son:

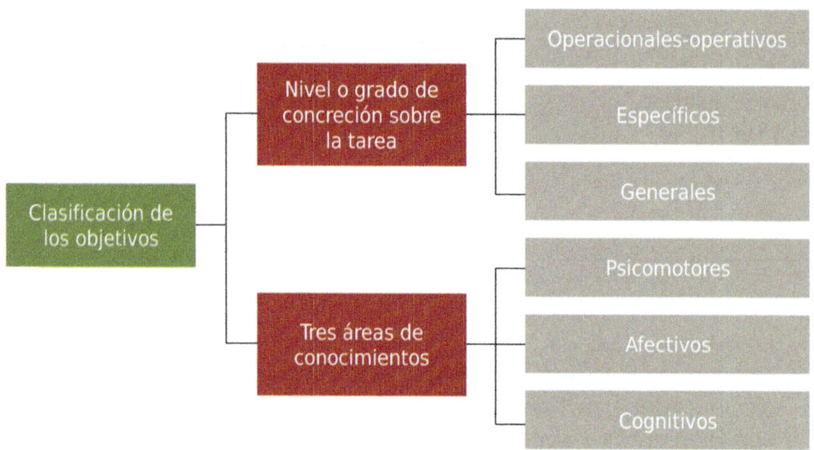

A continuación se explican cada uno de los conceptos del esquema:

- **Generales:** cuando su enunciado es ambiguo y genérico, se usan para describir programas o planes generales y amplios.
  Ejemplo: "Comprender y aplicar la terminología, instrumentos, herramientas, equipos y métodos necesarios para la organización y ejecución de los trabajos de fabricación, montaje y reparación de construcción metálica".
- **Específicos:** son el resultado de la concreción de los objetivos generales, representan el conjunto de acciones que son necesarias para la adquisición de los contenidos expresados en los objetivos generales.
  Ejemplo: "Manejar con destreza los instrumentos, herramientas y equipos propios de la construcción metálica".
- **Operacionales-operativos:** suponen el tercer nivel de concreción, en ellos se muestra un criterio evaluativo referido a resultados inmediatos.
  Ejemplo: "Realizar la puesta a punto del equipo MIG/MAG de acuerdo al material y espesores a soldar".
- **Tres áreas de conocimientos:** los objetivos no siempre estarán dirigidos al desarrollo de la misma área o ámbito dentro del conocimiento, por lo que se establecen una serie de taxonomías o clasificaciones que ayu-

darán al desarrollo de los contenidos en función del área de conocimiento a trabajar. Una taxonomía o clasificación muy básica de los objetivos es aquella que los divide en tres áreas de conocimientos:

- **Cognitivos:** centrados en conocimientos, destrezas intelectuales o habilidades de carácter intelectual.
  Ejemplo: "Controlar la corrección de las comunicaciones escritas, en forma y contenido, aplicando criterios lingüísticos, ortográficos y de estilo de redacción adecuados, verificando su fiabilidad, para transmitir la información clara, precisa y comprensible".
- **Afectivos:** son aquellos objetivos que desarrollan actitudes y hábitos.
  Ejemplo: "Colaborar con otras personas/unidades en el desarrollo de las actividades de gestión administrativa de la selección, desarrollo de recursos humanos, utilizando habilidades sociales y personales con el fin de lograr una relación efectiva en el trabajo con todos los implicados".
- **Psicomotores:** que desarrollan destrezas o habilidades motoras, manipulación de materiales o manejo de máquinas o aparatos.
  Ejemplo: "Grabar los datos y textos con rapidez y exactitud, siguiendo las instrucciones recibidas y las normas ergonómicas, a fin de asegurar la correcta grabación en el menor tiempo posible".

A continuación vamos a estudiar a los autores más significativos en este campo.

Taxonomía de Bloom

Otra clasificación de los objetivos se encuentra en la Taxonomía que desarrollaron Bloom y sus colaboradores. Esta taxonomía se basa en la hipótesis de que las diferentes operaciones de conocimiento pueden clasificarse en seis niveles de complejidad creciente, cada nivel dependerá de la capacidad del alumnado para desenvolverse adecuadamente en el nivel inmediatamente anterior. De esta manera, se realiza una ordenación jerárquica de los procesos que conducirán a la obtención de los objetivos.

Categoría	Conocimiento. Recoger información
Descripción. Las habilidades que se deben demostrar en este nivel son:	Observación y recuerdo de información; conocimiento de fechas, eventos, lugares; conocimiento de las ideas principales; dominio de la materia.

Continúa en página siguiente >>

<< Viene de página anterior

Categoría	**Conocimiento. Recoger información**	
Qué hace el estudiante	El estudiante **recuerda** y **reconoce** información e ideas además de principios aproximadamente en la misma forma que los aprendió.	
Ejemplos de palabras indicadoras	define lista rotula nombra identifica repite quién qué	cuándo dónde cuenta describe recoge examina tabula cita

Categoría	**Comprensión. Confirmación aplicación**	
Descripción. Las habilidades que se deben demostrar en este nivel son:	Entender la información; captar el significado; trasladar el conocimiento a nuevos contextos; interpretar hechos; comparar, contrastar; ordenar, agrupar; inferir las causas, predecir las consecuencias.	
Qué hace el estudiante	El estudiante **esclarece, comprende,** o **interpreta** información en base a conocimiento previo.	
Ejemplos de palabras indicadoras	predice asocia estima diferencia extiende resume describe	interpreta discute contrasta distingue explica parafrasea ilustra

Categoría	**Aplicación. Hacer uso del conocimiento**	
Descripción. Las habilidades que se deben demostrar en este nivel son:	Hacer uso de la información; utilizar métodos, conceptos, teorías, en situaciones nuevas; solucionar problemas usando habilidades o conocimientos.	
Qué hace el estudiante	El estudiante **selecciona, transfiere,** y **utiliza datos** y **principios** para completar una tarea o solucionar un problema.	
Ejemplos de palabras indicadoras	aplica demuestra completa ilustra muestra examina modifica relata cambia	cuándo dónde cuenta describe recoge examina tabula cita

Categoría	**Análisis (Orden superior). Pedir, desglosar**	
Descripción. Las habilidades que se deben demostrar en este nivel son:	Encontrar patrones; organizar las partes; reconocer significados ocultos; identificar componentes.	
Qué hace el estudiante	El estudiante **diferencia, clasifica,** y **relaciona** las conjeturas, hipótesis, evidencias, o estructuras de una pregunta o aseveración.	
Ejemplos de palabras indicadoras	separa ordena explica conecta pide compara selecciona	explica infiere arregla clasifica analiza categoriza contrasta

Categoría	**Sintetizar (Orden superior). Reunir, incorporar**	
Descripción. Las habilidades que se deben demostrar en este nivel son:	Utilizar ideas viejas para crear otras nuevas; generalizar a partir de datos suministrados; relacionar conocimiento de áreas dispersas; predecir conclusiones derivadas.	
Qué hace el estudiante	El estudiante genera, integra y combina ideas en un producto, plan o propuesta nuevos para él o ella.	
Ejemplos de palabras indicadoras	combina integra reordena sustituye planea crea diseña inventa	¿qué pasa si? prepara generaliza compone modifica plantea hipótesis desarrolla formula

Categoría	**Evaluar (Orden superior). Juzgar el resultado**
Descripción. Las habilidades que se deben demostrar en este nivel son:	Comparar y discriminar entre ideas; dar valor a la presentación de teorías; escoger basándose en argumentos razonados; verificar el valor de la evidencia; reconocer la subjetividad.
Qué hace el estudiante	El estudiante **valora, evalúa** o **critica** en base a estándares y criterios específicos.

Continúa en página siguiente >>

<< Viene de página anterior

Categoría	Evaluar (Orden superior). Juzgar el resultado	
Ejemplos de palabras indicadoras	decide establece gradación prueba mide recomienda juzga explica compara suma valora	critica justifica discrimina apoya convence concluye selecciona establece rangos predice argumenta

Bloom y sus colaboradores realizan una recopilación de las funciones estructuradas jerárquicamente, situando en la parte más baja de la jerarquía o nivel menos complejo, la adquisición de conocimientos y en el más complejo, la realización de evaluaciones. Esta **jerarquía** se sintetiza en el siguiente gráfico:

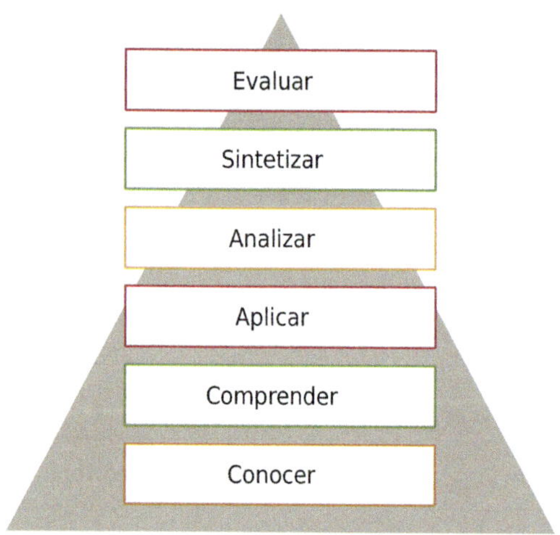

No obstante, esta teoría ha sufrido revisiones para intentar adaptarla a los nuevos tiempos y la consecuente evolución del aprendizaje.

Taxonomía de Dave

Otra de las clasificaciones de los objetivos en base a niveles de desarrollo, es la expuesta por Dave, considerada como una de las taxonomías más completas. En ella se recogen 5 niveles:

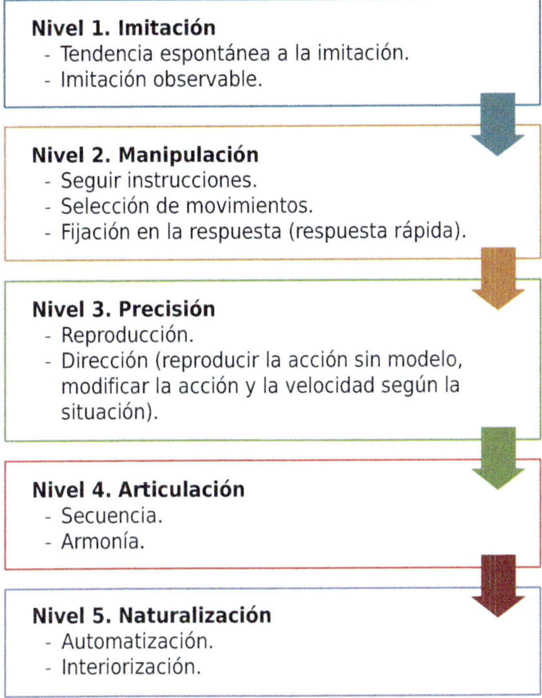

DEFINICIÓN

Taxonomía

Ciencia que trata de los principios, métodos y fines de la clasificación. Se aplica en particular, dentro de la biología, para la ordenación jerarquizada y sistemática, con sus nombres, de los grupos de animales y de vegetales.

4.2. Formulación y normas de redacción

En general, los objetivos se formularán en base a su nivel de concreción, dando lugar en la programación didáctica a los siguientes tipos:

1. **Objetivo general:** expresa la competencia que se pretende adquirir. Su enunciado refleja el comportamiento final, por lo que se trata de un verbo de acción general y difícilmente observable y medible.
2. **Objetivo específico:** refleja el comportamiento que se desea lograr en cada uno de los procesos que componen la competencia. El logro de todos los objetivos específicos debe asegurar el logro del objetivo general. Se formula con mayor concreción que los objetivos generales, pero aún resultan poco útiles para la evaluación.
3. **Objetivo operativo:** concretan el objetivo específico, definiendo de forma observable y medible los criterios que deben demostrarse.

Para una correcta formulación de los objetivos deben tenerse en cuenta las siguientes **pautas:**

1. Siempre debe enunciarse con un verbo de acción en **infinitivo.**
2. Se incluirá **una acción por cada objetivo,** lo más concreta y verificable (observable) posible.
3. La redacción de cada objetivo debe ser lo más **concreta y precisa** posible, incluyendo las condiciones o requerimientos necesarios para llevarlos a cabo.
4. Deben formularse en **términos conocidos** por el alumnado.
5. Deben tenerse en consideración los **aspectos evaluativos,** ya que deben permitir determinar de una manera clara y concisa los resultados de la formación.

Elegir el **verbo más adecuado** para formular el objetivo de aprendizaje resulta de gran importancia, ya que debe permitir identificar claramente qué acción se espera realice el alumnado. A continuación se muestran algunos **ejemplos de verbos** que pueden clasificarse en función del área de conocimiento.

El **objetivo conceptual o cognitivo** expresa conocimientos, destrezas o habilidades intelectuales.

Lista de verbos para formular objetivos conceptuales				
Analizar	Comprender	Enumerar	Inferir	Relacionar
Aplicar	Conocer	Explicar	Interpretar	Reunir
Clasificar	Describir	Generalizar	Memorizar	Señalar
Comentar	Dibujar	Identificar	Reconocer	Situar
Comparar	Distinguir	Indicar	Recordar	...

El **objetivo procedimental o psicomotor** define destrezas o habilidades motoras.

Lista de verbos para formular objetivos procedimentales				
Adaptar	Delimitar	Establecer	Mostrar	Recordar
Analizar	Demostrar	Ejecutar	Observar	Recibir
Caracterizar	Desarrollar	Experimentar	Optimizar	Representar
Clasificar	Diseñar	Exponer	Organizar	Reproducir
Coger	Distinguir	Formular	Ordenar	Reptar
Comentar	Dramatizar	Golpear	Participar	Resumir
Comparar	Ejecutar	Girar	Pasar	Rodar
Componer	Elaborar	Interceptar	Planificar	Seleccionar
Controlar	Elegir	Interpretar	Potenciar	Simular
Correr	Aplicar	Lanzar	Precisar	Sintetizar
Crear	Emplear	Leer	Probar	Situar
Cuantificar	Enfrentarse a	Atacar	Realizar	Señalar
Debatir	Enunciar	Localizar	Recolectar	Trabajar
Defender	Equilibrar	Manejar	Aumentar	Utilizar
Definir	Explicar	Manipular	Reconstruir	...

El **objetivo actitudinal o afectivo** define actitudes y hábitos.

Lista de verbos para formular objetivos actitudinales				
Adaptarse	Conformarse	Interesarse por	Reaccionar	Tolerar
Adquirir el hábito	Cooperar	Mostrar interés	Rehusar	Tomar parte
Apreciar	Criticar	Obedecer	Renunciar	Valorar
Aprovechar	Esforzarse por	Participar	Respetar	...
Colaborar	Gozar de	Permitir	Sentir	...

En definitiva, cuanto más específico y mejor formulado esté un objetivo, más claro resultará entender lo que se pretende lograr y más fácil será saber qué estrategias o recursos usar para conseguirlos.

Los **objetivos operativos** cumplen una importante labor en el proceso de evaluación, por lo que se les debe prestar una especial atención. **Su formulación debe cumplir las siguientes condiciones:**

1. **Describir exactamente el comportamiento final del alumno** → expresado en términos de conducta observable y medible, sin dobles interpretaciones.
2. **Describir en qué condiciones** deberá aparecer la conducta.
3. **Especificar cuál será el criterio** para evaluar al alumno (criterio de desempeño mínimo).

EJEMPLO

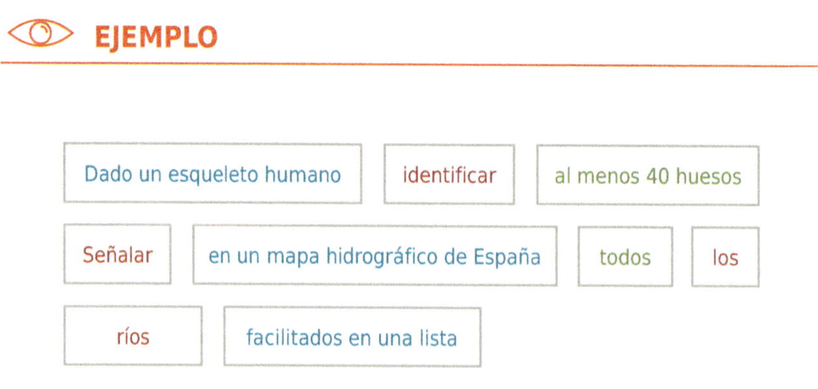

Los **errores que con mayor frecuencia** se cometen son los siguientes:

- No referirse a conductas observables y medibles.
  Ejemplo: Comprender las teorías del aprendizaje.
- Referirse a técnicas o estrategias didácticas.
  Ejemplo: Discutir en clase la aplicación de la técnica del modelado.
- Expresar desempeños del formador.
  Ejemplo: Mostrar al alumnado el procedimiento adecuado para realizar el traslado de la mercancía.

A continuación se plantea una aplicación práctica para que practiques la formulación de objetivos.

APLICACIÓN PRÁCTICA

En la siguiente batería de preguntas, identifica cuáles son las respuestas correctas.

1. Que el alumno conozca el impuesto de IRPF.

a. Se ha usado un verbo muy ambiguo, no se ha concretado qué es lo que debe hacer el alumno para alcanzarlo.
b. Se ha confundido el objetivo con el contenido, no se ha incluido ningún verbo de acción.
c. No se ha formulado con verbo en infinitivo.

2. Memorizar las capitales de las CC. AA.

a. No se refiere a una conducta observable y medible.
b. Expresa el desempeño del formador y no el del alumnado.
c. Hace referencia a técnicas o estrategias didácticas, y no a metas de aprendizaje.

3. Visitar el museo para conocer ejemplos de diferentes estilos pictóricos.

a. Se ha usado un verbo muy ambiguo, no se ha concretado qué es lo que debe hacer el alumno para alcanzarlo.
b. No se refiere a una conducta observable y medible.

Continúa en página siguiente >>

<< *Viene de página anterior*

c. **Hace referencia a técnicas o estrategias didácticas, y no a metas de aprendizaje.**

Solución

El objetivo siempre debe formularse en infinitivo, y redactarse desde el punto de vista del alumnado.

Memorizar no es una conducta observable, por lo que no permitiría medir su consecución. Habría que cambiarlo por otro verbo como "enumerar" o "identificar", por ejemplo.

Hace referencia a la estrategia de aprendizaje que se va a usar, pero no al objetivo de aprendizaje a conseguir.

A la hora de elaborar los objetivos, Julia los enunciará tal y como se presenta a continuación.

Objetivo de la acción formativa

Objetivo general de la acción formativa: crear y operar viajes combinados, productos similares y eventos, utilizando, en caso necesario, la lengua inglesa, y gestionar el departamento o unidad correspondiente de la agencia de viajes o entidad equivalente.

Objetivos específicos de la acción formativa:

- Elaborar y operar viajes combinados, excursiones y traslados.
- Gestionar eventos.
- Gestionar unidades de información y distribución turísticas.
- Comunicarse en inglés, con un nivel de usuario independiente, en las actividades turísticas.

Conforme se van concretando los módulos formativos o unidades formativas, en su caso, el **nivel de concreción** de los objetivos irá en consonancia, hasta conseguir **objetivos operativos observables y medibles.** De esta forma, cada módulo formativo o unidad formativa tendrá definidos sus propios objetivos.

A continuación puedes entender la concreción de los objetivos desde la metáfora de las muñecas 'matrioskas'.

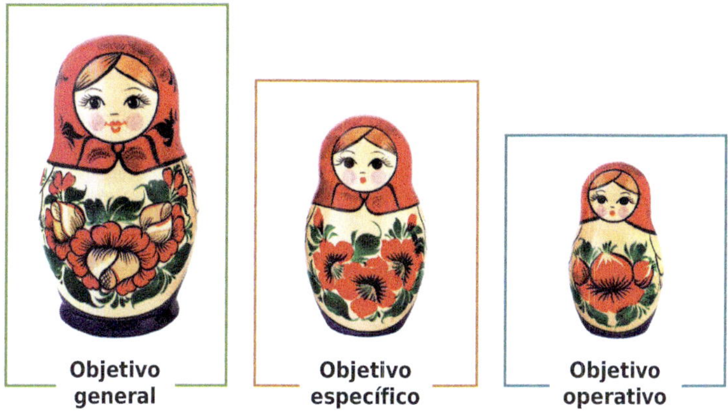

Para que se lleve a cabo esa consonancia, Julia debe **identificar los módulos formativos y unidades formativas,** en su caso, que componen la estructura de la acción formativa. Esta información viene reflejada en el apartado **relación de módulos formativos y de unidades formativas** del certificado profesional.

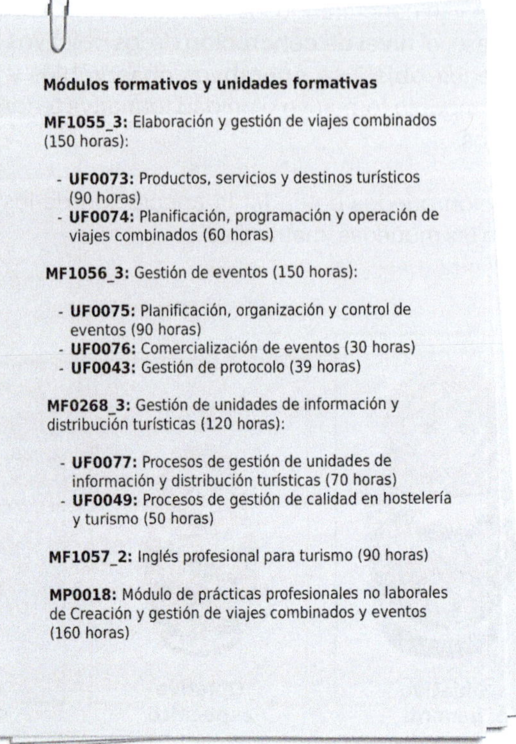

Módulos formativos y unidades formativas

MF1055_3: Elaboración y gestión de viajes combinados (150 horas):

- **UF0073:** Productos, servicios y destinos turísticos (90 horas)
- **UF0074:** Planificación, programación y operación de viajes combinados (60 horas)

MF1056_3: Gestión de eventos (150 horas):

- **UF0075:** Planificación, organización y control de eventos (90 horas)
- **UF0076:** Comercialización de eventos (30 horas)
- **UF0043:** Gestión de protocolo (39 horas)

MF0268_3: Gestión de unidades de información y distribución turísticas (120 horas):

- **UF0077:** Procesos de gestión de unidades de información y distribución turísticas (70 horas)
- **UF0049:** Procesos de gestión de calidad en hostelería y turismo (50 horas)

MF1057_2: Inglés profesional para turismo (90 horas)

MP0018: Módulo de prácticas profesionales no laborales de Creación y gestión de viajes combinados y eventos (160 horas)

Este es el orden de aparición de los módulos formativos y unidades formativas en el certificado profesional. Presumiblemente, será este orden de secuenciación el que deba seguirse en la impartición de los mismos. No obstante, Julia debe comprobar si existen indicaciones específicas sobre la **secuencia de las unidades formativas y/o módulos formativos.** Recordemos que, de haberlas, estas estarán detalladas en el subapartado ***Orientaciones metodológicas,*** al final de la descripción de cada módulo formativo en el certificado profesional.

 HILO CONDUCTOR

Julia procede a realizar esta comprobación y constata que no existen condiciones en la secuencia de las unidades formativas, ya que estas pueden programarse de manera independiente.

Así, Julia valora la propuesta de secuenciación que aparece en el certificado profesional y la considera adecuada, por lo que quedará como sigue la **organización de los bloques formativos:**

Módulo formativo	Duración	Unidad formativa	Duración
MF1055_3: Elaboración y gestión de viajes combinados	150 h	**UF0073:** Productos, servicios y destinos turísticos	90 h
		UF0074: Planificación, programación y operación de viajes combinados	60 h
MF1056_3: Gestión de eventos	150 h	**UF0075:** Planificación, organización y control de eventos	90 h
		UF0076: Comercialización de eventos	30 h
		UF0043: Gestión de protocolo	30 h
Módulo formativo	**Duración**	**Unidad formativa**	**Duración**
MF0268_3: Gestión de unidades de información y distribución turísticas	120 h	**UF0077:** Procesos de gestión de unidades de información y distribución turísticas	70 h
		UF0049: Procesos de gestión de calidad en hostelería y turismo	50 h
MF1057_2: Inglés profesional para turismo	90 h		
MP0018: Módulo de prácticas profesionales no laborales de creación y gestión de viajes combinados y eventos	160 h		

HILO CONDUCTOR

Julia comprueba que su primer módulo formativo (MF1055_3: Elaboración y gestión de viajes combinados) se divide en tres unidades formativas. Por lo que deberá comenzar por determinar el objetivo general de la unidad formativa **UF0073: Productos, servicios y destinos turísticos.**

Si nos fijamos, el referente de competencia de esta unidad formativa cita textualmente: "Esta unidad formativa se corresponde con la RP1, exceptuando el tratamiento informatizado de la información".

Llega el momento de determinar los objetivos generales, específicos y operativos de cada módulo formativo o unidad formativa.

El **objetivo general del Módulo Formativo** vendrá determinado por la **Unidad de Competencia** asociada. En caso de ser una **Unidad Formativa, el objetivo general** se determinará por el **Referente de competencia** asociado.

Por lo tanto, Julia podría definir el **objetivo general de la UF0073** como sigue:

Objetivo general de la UF0073

Objetivo general: Elaborar viajes combinados que resulten adecuados y competitivos para su oferta en el mercado, o que respondan a requerimientos de una demanda específica.

Una vez se ha determinado el objetivo general, llega el momento de fijar los **objetivos específicos.** Estos vienen determinados por las **capacidades** enumeradas en el certificado profesional.

Julia, con esta referencia, define los objetivos específicos para la UF0073. Pero, para que esos objetivos sean observables y medibles deben concretarse un poco más, de forma que sirvan como objetivo para la evaluación. De esa concreción surgen los **objetivos operativos.**

En definitiva, los objetivos específicos de cada MF o UF estarán determinados por las **Capacidades** enumeradas; y los objetivos operativos serán definidos por los **Criterios de Evaluación.** Bajo esta premisa, Julia enumerará los objetivos específicos (OE) y objetivos operativos (OO) como sigue:

Objetivos específicos (OE) y objetivos operativos (OO)

OE: Analizar la evolución del concepto de turismo, identificando los elementos que componen el sistema turístico.

- OO: Explicar la evolución del concepto de turismo a lo largo del tiempo.
- OO: Describir el sistema turístico e identificar los elementos que lo componen.
- OO: Identificar y explicar los factores que influyen en la demanda turística individual y en la demanda turística agregada a un destino turístico.
- OO: Reconocer y clasificar los componentes de la oferta turística, y explicar las características de los distintos servicios y productos turísticos.
- OO: Describir las variables que determinan la evolución y tendencias de la demanda y de la oferta turística.
- OO: Reconocer los segmentos de la demanda del mercado turístico actual y describir sus características.
- OO: Identificar y clasificar los medios de transporte, comparando y evaluando sus características diferenciales desde el punto de vista de la demanda.

Objetivos específicos (OE) y objetivos operativos (OO)

OE: Analizar el mercado turístico identificando los destinos turísticos nacionales e internacionales más relevantes.

- OO: Estimar la situación del mercado turístico nacional e internacional.
- OO: Identificar y describir los principales destinos turísticos nacionales teniendo en cuenta la tipología de su producto y el potencial de su demanda.
- OO: Reconocer y describir los principales destinos turísticos internacionales teniendo en cuenta la tipología de su producto y el potencial de su demanda.
- OO: Describir los flujos turísticos actuales y justificar la situación en el mercado de los diferentes destinos turísticos con relación a los segmentos de la demanda turística.
- OO: Identificar a los oferentes más significativos del mercado turístico nacional e internacional, y describir las características de sus respectivas ofertas.
- OO: Explicar las características del turismo sostenible y describir sus factores determinantes.

Siguiendo este procedimiento, Julia continuará determinando los objetivos generales, específicos y operativos del resto de módulos y unidades formativas.

TAREA 6

Continuando un paso más con la programación de la acción formativa, atendiendo a las competencias profesionales del certificado profesional de referencia que has elegido, establece el objetivo general y los objetivos específicos de la misma (cuidando que estos últimos sean observables, medibles y adecuados para los distintos tipos de contenidos formativos).

5. Los contenidos formativos: conceptuales, procedimentales y actitudinales. Normas de redacción. Funciones. Relación con los objetivos y la modalidad de formación

HILO CONDUCTOR

Para poder continuar con el desarrollo de la programación didáctica es necesario distinguir los tipos de contenidos de los que se formará cada módulo o unidad formativa.

Es por ello que Julia se reúne con Jorge para profundizar en este campo.

Los **contenidos** se definen como el "conjunto de conocimientos o habilidades que el alumnado debe alcanzar para el logro de los objetivos propuestos". A través de los contenidos se desarrollan las capacidades expresadas en los objetivos, atendiendo a los **tres tipos de conocimientos o habilidades.**

Contenidos conceptuales 'saber'	Contenidos actitudinales 'saber estar'	Contenidos procedimentales 'saber hacer'
- Conceptos, hechos, datos... - Por ejemplo, "Reconocimiento de las características psicológicas, físicas y sociales de los usuarios".	- Hábitos, valores, actitudes... - Por ejemplo, "Valoración de la actividad física sobre la salud".	- Procedimientos. - Por ejemplo, "Aplicación de los fundamentos psicosociales a la preparación de itinerarios ecuestres".

En el desarrollo de las programaciones, estos tres tipos de contenidos deben estar **relacionados entre sí,** enfocados a la consecución de los objetivos y acordes a la modalidad de formación a desarrollar.

Para que los contenidos estén correctamente redactados deben seguirse unas **pautas o normas de redacción:**

- Objetividad, los contenidos deberán ajustarse a la realidad.
- Adaptación evolutiva a los intereses y capacidades de los alumnos.
- Acercamiento a la realidad formativa o contextualización, con el objetivo de poder facilitar el aprendizaje y proyectar los conocimientos sobre la realidad.
- Actualización continua de los contenidos.
- Profundidad progresiva.
- Ejemplaridad de los contenidos seleccionados.

A la hora de redactar los contenidos, se deberá tener en cuenta que habrá que **organizarlos de manera lógica y adaptarlos al alumnado.** Siempre se considerará como **punto de partida** el nivel de conocimiento del alumnado, es decir, se identificarán los **conocimientos previos** para poder partir de estos y avanzar hacia nuevos contenidos. Se irá **de lo más práctico a lo más abstracto, de lo más fácil a lo más difícil.**

Los contenidos tendrán que estar en **concordancia con los objetivos propuestos y también con la temporalidad** que se tiene para lograrlos, así como estar **adaptados a la modalidad formativa** a través de la cual se vayan a desarrollar.

RECUERDA

La formación dirigida a la obtención de certificados profesionales podrá impartirse de forma presencial, semipresencial o virtual.

5.1. Secuenciación, actualización y aplicabilidad

HILO CONDUCTOR

Como se trata de una acción formativa de certificados profesionales, Julia encontrará el índice de contenidos a desarrollar y, por lo tanto, a incluir en la programación didáctica en la descripción de cada módulo formativo o unidad formativa, en su subapartado Contenidos.

Esta relación de contenidos deberá ordenarse y secuenciarse en unidades de aprendizaje o unidades didácticas, cumpliendo los principios vistos para la facilitación del aprendizaje.

Consultando el certificado profesional y valorando su correcta secuenciación, Julia procede a elaborar la relación de contenidos a incluir en la programación didáctica.

Julia debe relacionar el índice de contenidos que se desarrollará en cada bloque (módulo formativo o unidad formativa, en su caso).

La **secuenciación** de los contenidos no es más que el **orden y ritmo** de los mismos. Para el establecimiento de este orden deben tenerse en cuenta las **premisas** que antes se han mencionado:

- Se partirá de lo más general a lo más específico o particular.
- Se irá de lo más fácil a lo más complejo.

Continúa en página siguiente >>

<< *Viene de página anterior*

Se partirá de lo más próximo (cercano a la práctica diaria del alumno) para llegar de forma progresiva a lo más lejano (conceptos abstractos).

Una vez se haya ordenado la secuenciación, pueden establecerse las unidades didácticas, o unidades de aprendizaje, que estructurarán el contenido.

Observa cómo quedaría el índice, por ejemplo, de las tres primeras unidades formativas (de las seis que tiene):

Programación didáctica. UF0073: Productos, servicios y destinos turísticos

Unidad 1. El Turismo y la estructura del mercado turístico

- Concepto de Turismo. Evolución del concepto de Turismo.
- El sistema turístico. Partes o subsistemas.
- La demanda turística. Tipos de demanda turística. Factores que determinan la demanda turística individual y agregada.
- La oferta turística. Componentes de la oferta turística.
- Evolución histórica del turismo. Situación y tendencias.
- Análisis de la oferta y comportamiento de la demanda turística española: destinos y productos asociados.
- Análisis de la oferta y comportamiento de la demanda internacional: destinos relevantes y productos asociados.

Unidad 2. El alojamiento como componente del producto turístico

- La hostelería. Los establecimientos de alojamiento. Clasificaciones y características.
- Relaciones entre las empresas de alojamiento y las agencias de viajes y turoperadores.
- Principales proveedores de alojamiento.
- Tipos de unidades de alojamiento y modalidades de estancia. Tipos de tarifas y condiciones de aplicación. Cadenas hoteleras. Centrales de reservas.

Continúa en página siguiente >>

<< Viene de página anterior

Unidad 3. El transporte como componente del producto turístico

- Transporte por carretera:
    - Vías de comunicación.
    - Alquiler de automóviles.
    - Servicios de autocares.
    - Principales compañías.
- Transporte por ferrocarril:
    - Tipos de trenes.
    - Principales líneas de ferrocarriles.
    - Emisión de billetes de transporte de ferrocarril.
    - Principales compañías.
- Transporte acuático:
    - Características.
    - Puertos. Clasificación, modalidades y servicios en los transportes marítimos.
    - Características y clases de barcos.
    - Principales compañías navieras.
    - Los cruceros: compañías, rutas, tarifas.
- Transporte aéreo:
    - Tipos y funciones de las compañías aéreas.
    - Transporte aéreo comercial.
    - Compañías aéreas regulares.
    - Tipos de servicios.

Siguiendo este índice, Julia deberá **redactar los contenidos,** teniendo siempre presente las **normas fundamentales** ya comentadas.

ACTIVIDAD COMPLEMENTARIA

2. Visualiza el vídeo que se presenta, para a continuación responder a las siguientes preguntas:
   ¿Qué opinión tienes al respecto? ¿Crees que actualmente existe un desajuste entre ambos factores? ¿Qué iniciativas crees que pueden desarrollarse para minimizar este desajuste?

¿Te aburrías en la escuela?

https://redirectoronline.com/mf14420302

TAREA 7

Continuamos con el diseño de nuestra acción formativa. Llega la hora de determinar los contenidos de formación necesarios para desarrollar las competencias marcadas como objetivos. Para ello:

- Nombra y organiza los bloques formativos por orden de impartición.
- Determina los contenidos de formación para desarrollar las competencias profesionales establecidas.
- Determina la duración de cada bloque formativo.
- Estructura las unidades didácticas de los diferentes módulos formativos y/o unidades formativas de tu certificado profesional, cuidando que la secuenciación sea pedagógica para facilitar el aprendizaje.

6. Metodología: métodos y técnicas didácticas

Una vez se han determinado y secuenciado los contenidos a desarrollar en la acción formativa, llega el momento de **definir los métodos y técnicas didácticos** que deben seguirse para la consecución de los objetivos propuestos.

La **metodología educativa** se puede definir como los ***procedimientos didácticos*** *que se seguirán para la consecución de los objetivos propuestos.* Esta metodología se establecerá una vez determinados los contenidos que se incluirán en la programación de la acción formativa y la secuenciación de los mismos.

Se podrán realizar numerosas **clasificaciones** de los diferentes tipos de técnicas y métodos didácticos, como las que se muestran a continuación:

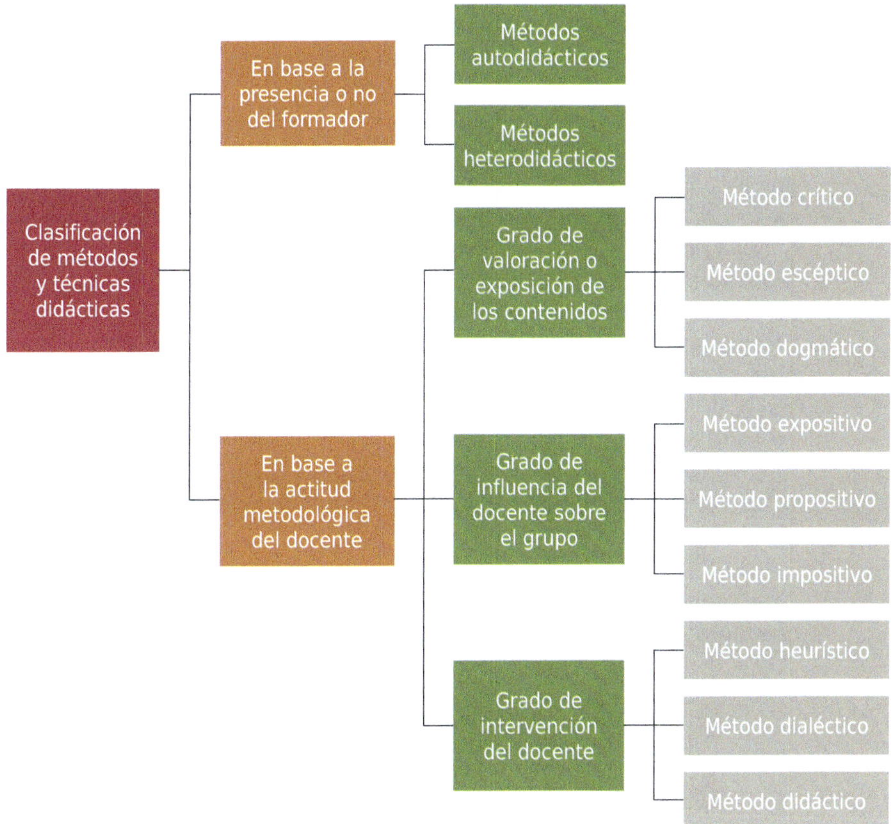

A continuación se explican los principales aspectos del esquema:

- **Métodos heterodidácticos:** cuando el formador está presente en el proceso de enseñanza-aprendizaje.
- **Métodos autodidácticos:** cuando el formador no está presente en el proceso de enseñanza-aprendizaje.
- **Método didáctico:** cuando el formador imparte la materia y el alumnado se limita a la escucha, en este sentido la máxima participación es la del formador en la transmisión del conocimiento y la mínima en los alumnos.
- **Método dialéctico:** en este método se establece un modelo abierto y con la participación de todos. El formador facilita la información y el alumnado deberá intervenir en ella.
- **Método heurístico:** en esta metodología la intervención del formador se limita a guiar y supervisar las iniciativas que toman los alumnos.
- **Método impositivo:** en este método se aplica el principio de autoridad, será el formador el que determine qué es lo que se estudiará, cuánto tiempo y de qué forma.
- **Método propositivo:** para el desarrollo de esta metodología el docente en lugar de imponer, debe proponer, dando razones o pruebas lógicas sobre qué conocimientos se deben aprender y qué métodos o estrategias seguir.
- **Método expositivo:** está centrado en un tipo de metodología que por parte del docente se podría definir como *laissez faire laissez passer,* en ella el formador expone los contenidos sin aceptación previa del alumnado y en función de las actitudes que adopte el formador cuando se intentará obtener determinadas respuestas en el alumnado.
- **Método dogmático:** en el desarrollo de este método se presentan los contenidos como inamovibles y sin posibilidad de discusión.
- **Método escéptico:** en esta metodología, el formador pone en duda sus propias opiniones y se abstiene de emitir valoraciones, para dejar que sea el alumnado el que extraiga sus propias conclusiones.
- **Método crítico:** en este método se sopesan las razones a favor o en contra de una posible situación-problema antes de decidir. Su solución será el resultado de haber considerado previamente la verdad como la integración de distintas posiciones.

Será necesario tener en cuenta una serie de **principios para la elección de la metodología** en la programación didáctica:

Principio de especificidad
- La metodología de enseñanza deberá adaptarse a los objetivos y circunstancias de cada caso en particular.

Continúa en página siguiente >>

<< Viene de página anterior

Principio de complementariedad

- La metodología y las técnicas de enseñanza-aprendizaje deberán ser usadas de forma complementaria, de este modo los puntos fuertes de cada una de ellas cubrirán los puntos débiles de las demás.

Principio de relatividad

- La eficacia y la valía de un método va a depender del modo de aplicación del mismo y de la adecuación de los instrumentos usados.

Principio de interdependencia

- En base a este principio se toma en consideración que todos los factores están relacionados y que un método resulte o no adecuado va a depender de la situación, las circunstancias, el alumnado, los medios, etc.

Para la elección de la **metodología de enseñanza en formación de adultos,** ya sea de forma global durante el desarrollo de toda la acción formativa o en momentos puntuales, será recomendable tener en consideración algunas **pautas o directrices:**

- Se deberán priorizar las metodologías centradas en el alumnado, ya que aportan un mayor grado de implicación de estos en el proceso educativo.
- Se evitarán metodologías triviales o que resulten demasiado complejas para el desarrollo de las sesiones.
- Debe tenerse en cuenta el momento e intervalo de tiempo disponible a la hora de elegir el método.
- Que un método funcione con un grupo no garantiza el éxito con otro grupo distinto.

6.1. Características metodológicas de las modalidades de impartición de los certificados de profesionalidad

Las diferentes modalidades de impartición poseen unas características propias que deben valorarse a la hora de elegir la metodología más apropiada. Recordemos que la **formación vinculada a certificados profesionales** puede impartirse en **modalidad presencial, semipresencial y virtual.**

A continuación se exponen las **características** a valorar en cada caso:

Modalidad presencial
- Es el tipo de formación más usada y tradicional.
- Se denomina así porque transcurre en presencia del docente.
- De forma general, requiere asistencia diaria, calendarización previa, se realiza un diseño curricular o programación didáctica únicos, los criterios de evaluación son también únicos, aunque hay excepciones dependiendo de la acción formativa.
- Se produce una alta interacción personal, tiempo y localización definida.

Modalidad semipresencial
- Modalidad flexible que combina la presencialidad con la virtualidad.
- El proceso de aprendizaje se lleva a cabo en casa, a través de sesiones virtuales en las que se realizan tareas y se tiene acceso a foros, materiales o lecciones grabadas que se encuentran en línea.
- Hay un número de sesiones, obligatorias o voluntarias, que se imparten en el centro formativo de forma presencial y sirven para resolver dudas con los profesores, entregar trabajos, etc.
- Es aconsejable cuando se necesita conciliar la vida familiar, laboral y el estudio: con esta modalidad puedes adaptar los horarios de estudio a tus necesidades.
- Para un alumnado que prefiere un modelo de estudio más autónomo que las clases dirigidas.

Modalidad virtual
- Permite el traspaso de mayor volumen de información, más actualizada y flexible, en menor tiempo y bajo diversos formatos.
- Mejora de la comunicación e interactividad, tanto para acceder a los conocimientos como para la distribución de los recursos o el *feedback*.
- Facilita la autonomía del estudiante y el ajuste a sus necesidades, esto supone una ventaja sobre la modalidad presencial.
- Permite el aprendizaje colaborativo, ampliando los canales de participación y las posibilidades de compartir información y recursos.
- Ahorro de costes de desplazamiento y tiempo.
- Mayor flexibilidad y versatilidad en la organización de los conocimientos, variedad y riqueza metodológica, creatividad en los contenidos.
- Se pueden producir algunas dificultades respecto al funcionamiento de los canales de comunicación digital, derivadas de la calidad tecnológico-educativa de la información y derivadas del diseño metodológico y organizativo de la acción formativa.

La tutoría

HILO CONDUCTOR

Jorge quiere hacer hincapié en la tutoría, ya que es una metodología más, pero los docentes deben considerarla tanto en la modalidad presencial como en la virtual. Por ello explica una breve presentación que tiene preparada y abre un turno de preguntas.

Aunque en la modalidad presencial también debe haber un sistema tutorial, para guiar al alumnado en el proceso educativo, este cobra especial relevancia en la modalidad virtual.

En función de si las tutorías se van a desarrollar a distancia o de forma presencial, pueden distinguirse los siguientes **tipos:**

TUTORÍA PRESENCIAL		
Característica principal	**Aquella en la que se produce un contacto presencial entre alumno y docente.**	
Tipos	**Tutoría en grupo**	Consiste en reunir al alumnado con la finalidad de alcanzar determinados objetivos didácticos u orientativos. Sus funciones son: Presentar y orientar el trabajo formativo, revisar la marcha del mismo y ofrecer los instrumentos que sean necesarios para su adecuado desarrollo. Comentar y aclarar las funciones más básicas del proceso formativo y que por determinadas razones puedan ser de mayor dificultad para la asimilación por parte del alumno. Resolver las dudas que existan de carácter colectivo, o bien las expuestas por el alumnado con carácter individual. Proponer trabajos en grupo, motivar y ayudar al estudio. Facilitar la integración del alumnado en el grupo y con el formador tutor. Orientar al alumnado acerca de las posibles evaluaciones. Llevar a cabo determinadas actividades respecto a los contenidos, identificándolas con la realidad concreta de los alumnos. Proponer las actividades de evaluación más adecuadas.
	Tutoría individual	Suele celebrarse a petición del alumno, normalmente para resolver determinadas cuestiones surgidas en el aprendizaje, técnicas de trabajo individual o problemas en la adaptación a la de formación. En otras ocasiones, es el mismo tutor el que cita al alumno para tratar ciertos aspectos del curso, el desarrollo de algún proyecto que esté haciendo, etc. Sus funciones son: Motivar, orientar y estimular al alumnado sobre las tareas que debe ejercer en el proceso de enseñanza-aprendizaje. Atender a posibles dudas académicas que se presenten. Orientar a los alumnos sobre aspectos concretos de los trabajos o actividades que deban desarrollar.

TUTORÍA NO PRESENCIAL		
Característica principal	**Aquella celebrada sin que los participantes coincidan en el espacio.**	
Tipos	**Tutoría telefónica**	Permite una relación directa e interpersonal inmediata, posibilita la resolución de dudas sobre el aprendizaje y orientación de forma verbal con el tutor a través de la conversación telefónica. Suele usarse para transmitir información o resolver problemas puntuales, hacer preguntas en los dos sentidos e intercambiar opiniones. Su principal desventaja es que no queda constancia impresa, ni se pueden establecer apoyos escritos o gráficos.
	Tutoría virtual	Este tipo de tutoría tiene un carácter interactivo, y se realiza a través de alguna TIC (teléfono móvil, ordenador o tablet). Puede realizarse a través de alguna herramienta de comunicación, como el chat, la videoconferencia o el correo electrónico: - Mediante el correo electrónico se mantiene un contacto cercano y personal, es un medio rápido, resulta muy útil para resolver dudas y responder rápidamente a los mensajes enviados por los alumnos. - Mediante la videoconferencia y el chat, se genera además un proceso crítico, ya que los participantes pueden argumentar, buscar datos, redactarlos y compartirlos con los demás de forma simultánea. Esta tutoría se puede realizar también en grupo de forma asincrónica, a través del foro. En él los alumnos pueden exponer dudas o discutir sobre algún asunto de interés, pudiendo intervenir todos los participantes (alumnado y tutor).

En resumen, los métodos que se empleen en una acción formativa deben ser coherentes con los objetivos propuestos y las particularidades de cada modalidad de impartición.

HILO CONDUCTOR

La acción formativa que está programando Julia se desarrollará en modalidad presencial. Como hemos visto, esta modalidad permite una alta interacción entre los diferentes participantes de la acción formativa, y una uniformidad en el ritmo de evolución del curso.

Teniendo esto en cuenta, Julia decide **definir la metodología** de su acción formativa como sigue:

La **acción formativa** se desarrollará bajo una metodología **principalmente práctica,** asentada en la participación activa del alumno. Bajo una **perspectiva constructivista,** se han seleccionado técnicas y métodos didácticos basados en el aprendizaje colaborativo.

La **función de la formadora** será **principalmente orientadora y facilitadora del aprendizaje,** guiando al alumnado en la adquisición de las competencias establecidas como objetivo. Para ello, se combina el método expositivo con el método por descubrimiento e investigación, otorgándole al alumno un papel protagonista en su propio aprendizaje.

La **exposición magistral de los contenidos se acompañará de recursos** (ejemplos, material audiovisual...) que permitan su estudio en un contexto real, permitiendo así su aplicación a los variados casos prácticos que se irán realizando durante la impartición de la acción formativa.

Cada **sesión formativa** incluirá, como parte fundamental, el **trabajo colaborativo del alumnado,** organizado en pequeños grupos, para la resolución de las diferentes actividades prácticas diseñadas específicamente para esta acción formativa. Durante el desarrollo de estas actividades, el formador orientará y guiará a los participantes en la correcta aplicación de las capacidades adquiridas.
Algunas de las técnicas que se usarán son:

- ***Role-playing:*** permitiendo entrenar habilidades procedimentales y actitudinales, esenciales en el desempeño de la labor del profesional del sector turístico.
- **Técnica del modelado:** basado en el aprendizaje observacional a través de modelos de referencia, para el análisis de conductas observables.
- **Método de casos:** como estrategia de aprendizaje colaborativo para el análisis de situaciones reales y toma de decisiones, lo que permitirá al alumno adquirir un aprendizaje significativo.
- **Dinámicas de grupo:** a través de las que se trabajarán procedimientos y actitudes.

7. Las actividades: tipología, estructura, criterios de redacción y relación con los contenidos

Las **actividades** se pueden definir como aquellas **prácticas o ejercicios** diseñados y planificados cuya finalidad es que el alumnado **logre los objetivos de aprendizaje** propuestos. Deben estar **relacionados con los contenidos y ser coherentes con la metodología** elegida.

Las **actividades didácticas** abarcan tanto las actuaciones de los docentes o formadores y del alumnado, como las interacciones derivadas de estas actuaciones.

Se pueden diferenciar los siguientes **tipos de actividades,** en función de la finalidad con la que estas sean propuestas:

- **Actividades para romper el hielo o de iniciación:** su finalidad es que los alumnos inicien la comunicación entre ellos o expresen sus expectativas con respecto a las actividades u objetivos planteados.
- **Actividades de conocimientos previos:** la finalidad de las mismas es evaluar y saber cuáles son los conocimientos iniciales o habilidades que posee el alumnado sobre los contenidos de las acciones formativas.
- **Actividades de descubrimiento:** este tipo de actividades se centran en que el alumnado adquiera los conocimientos o habilidades previstas mediante pequeñas tareas de investigación.
- **Actividades de análisis:** este tipo de actividades estarán orientadas a guiar al alumnado a través de la documentación para comparar datos, extraer conclusiones, jerarquizar, buscar errores, etc.
- **Actividades de comprensión lectora:** el objetivo de las actividades será ayudar a la comprensión de los contenidos trabajados y relacionarlos con los conocimientos previos.
- **Actividades de repetición:** se centrarán en el refuerzo y contenidos, son actividades que permiten ayudar a integrar y mecanizar rutinas.
- **Actividades de relación o diferenciación entre conceptos:** estas actividades buscarán la asimilación o reproducción de los contenidos.
- **Actividades de síntesis:** son actividades que permiten conocer si el alumnado es capaz de integrar todos los contenidos trabajados para resolver un determinado problema.
- **Actividades de aplicación:** tienen la finalidad de aplicar los conocimientos adquiridos a situaciones problemáticas, para que el alumnado sepa transferir los contenidos a situaciones cotidianas.

Las actividades constituyen un elemento esencial en el proceso de enseñanza-aprendizaje. Si la elección de las mismas resulta adecuada, se contribuirá de forma determinante a que el aprendizaje se realice con éxito y se alcancen los objetivos propuestos. No todas las actividades son pertinentes o relevantes para la enseñanza y/o aprendizaje.

Como se ha comentado, las actividades guardan una estrecha relación con los contenidos y con la metodología seleccionada para el proceso de enseñanza-aprendizaje. Las actividades son **necesarias para que el alumnado comprenda, reflexione y aplique los contenidos** propuestos. Por ello, **deberán intercalarse actividades entre los contenidos,** así el alumnado tomará conciencia sobre si ha comprendido o no los conceptos implicados en el tema en cuestión. Las actividades no solo tendrán en cuenta los tipos de contenidos que se van a trabajar, sino el tipo de aprendizaje, los estilos o formas en que los alumnos aprenden, las estrategias de aprendizaje, etc.

La **formulación de las actividades** deberá dar respuesta a las siguientes preguntas:

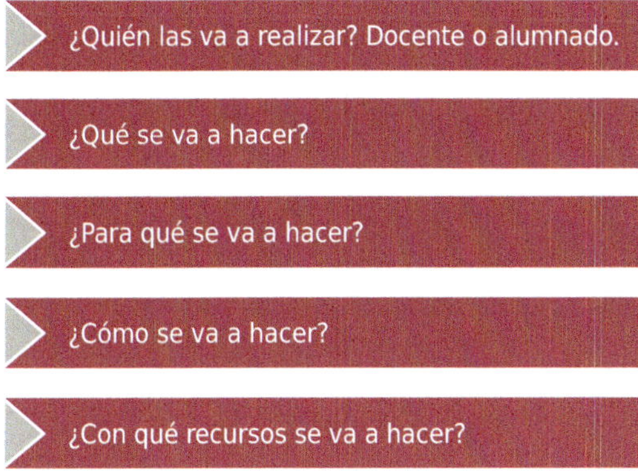

Las actividades contribuirán a la construcción del aprendizaje por parte del alumnado, así como al desarrollo de las competencias y a la función mediadora del docente.

Para facilitar el **diseño de actividades** se puede usar una tabla como la siguiente:

Tabla para la programación de actividades

Actividad	**Metodología**				**Recursos**
¿Qué voy a hacer?	**¿Quién?**		**¿Cómo se va a hacer?**	**¿Para qué se va a hacer?**	**¿Con qué se va a hacer?**
	Docente	**Alumno**			
Exposición/ explicación de...	X		Mediante la palabra, la explicación, la visualización de objetos o proyecciones, etc.	Información introductoria.	Si no se usa ninguno especial, no se cita.
Demostración de cómo se hace.	X		Demostración por el docente, puede ser grabada o en vivo.	Conocer, comprender, diferenciar, descubrir.	TIC, grabación.
Práctica guiada al alumno de la realización de...		X	Práctica guiada al alumno de la realización de...	Comprender, adquirir destrezas, alcanzar un nivel de ejecución.	Se puede usar un vídeo o grabadora, además del material objeto de la práctica (si se requiere).
Debate.		X	Moderados por el docente o por otro alumno.	Obtener nuevos datos y puntos de vista, desarrollar la comunicación.	Aula, salón de actos, etc.
Estudio de casos.		X	Desarrollados por todo el alumnado.	Obtención de datos, análisis e interpretación de la información.	Aula, salón de actos, etc.
Intercambio de experiencias.	X	X	En gran grupo, en pequeños grupos, individual.	Comunicación y adquisición de nuevos valores y pautas de comportamiento.	Aula, salón de actos, etc.

HILO CONDUCTOR

Julia, partiendo de la metodología general definida que seguirá para el desarrollo de la acción formativa, deberá definir las técnicas y actividades que se realizarán en cada una de las unidades de aprendizaje que conforman cada módulo formativo o unidad formativa, en su caso.

Como se ha comentado, cada actividad debe formularse cuidando que se definan los siguientes elementos:

- Nombre de la actividad
- Objetivo de la actividad
- Tipo de actividad (grupal/individual)
- Procedimiento
- Recursos necesarios
- Duración
- Evaluación

Accede al siguiente enlace para descargar un ejemplo de diseño de actividad para el UF0073.

Ejemplo de actividad para UF0073

https://redirectoronline.com/mf14420303

PARA SABER MÁS

Accede al siguiente enlace para consultar la guía publicada por ICE y Octaedro, donde encontrarás más información sobre el diseño de estos recursos para el aprendizaje:

https://redirectoronline.com/mf14420304

7.1. Dinámicas de trabajo en grupo

HILO CONDUCTOR

Jorge ha preparado unos folletos sobre las dinámicas de grupo, las considera una herramienta de crecimiento personal e intelectual del alumnado, a través de ellas desarrollan habilidades, aptitudes y actitudes que de forma individual no podrían trabajar.

Por ello se debe tener cuenta, entre otros:

- La creación de un ambiente propicio, en el que se reduzcan las tensiones.
- Todos los miembros han de poner en juego sus aptitudes y habilidades a través del liderazgo distribuido.
- Tomar conciencia de grupo, analizando su proceso y el logro de los fines propuestos.

Por **dinámicas de grupo** como recurso de aprendizaje se entienden las actividades que se pueden realizar con un grupo en un proceso de enseñanza-aprendizaje.

Son, por lo tanto, actividades que se realizan en un contexto grupal, por lo que es importante tener presentes las **características que definen un grupo:**

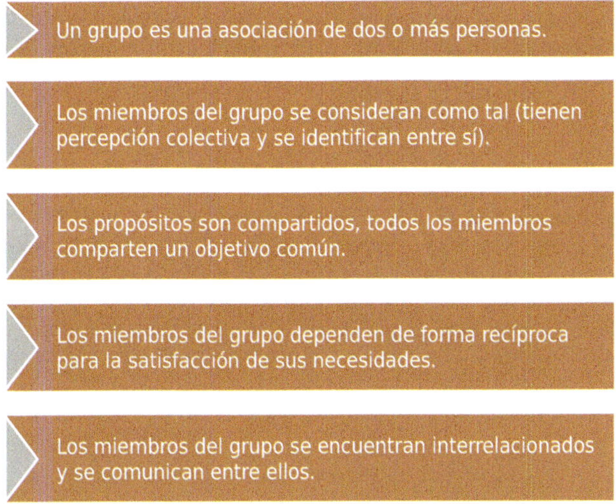

Algunas de las **finalidades más frecuentes** de las dinámicas de grupo en este contexto son las siguientes:

- Estimular el aprendizaje de los conceptos relacionados con un determinado tema.
- Trabajar sobre los conceptos desarrollados en la fase teórica.
- Controlar o evaluar la eficiencia real del aprendizaje a través de demostraciones en la vida real.
- Tomar conciencia de los problemas planteados, haciéndolos accesibles tanto racional como emocionalmente.
- Contextualizar la aplicación práctica de los conceptos teóricos y su generalización a situaciones reales.
- Resolver los conflictos existentes con un clima más favorable para su solución.
- Ayudar al avance continuado del grupo y superar las posibles fases de estancamiento.
- Realizar un análisis profundo de los problemas.
- Dar a conocer pautas de comportamiento.

IMPORTANTE

Será muy importante en la realización de las actividades que las orientaciones para su realización sean claras, eficientes y comprensibles.

Las dinámicas de grupo se pueden clasificar en los siguientes **tipos:**

Dinámicas de presentación
- **Objetivo:** presentar a todos los miembros de un grupo.
- Útil para conocer los nombres y otros datos interesantes (gustos, experiencias...).

Dinámicas de conocimiento
- **Objetivo:** profundización sobre lo que se ha aprendido, en colaboración con los otros miembros del grupo.

Dinámicas de afirmación
- **Objetivo:** consolidar los conocimientos que ya se han adquirido, en colaboración con los otros miembros del grupo.

Dinámicas de distensión
- **Objetivo:** aumentar la participación y comunicación entre los miembros del grupo.

Dinámicas de cooperación
- **Objetivo:** promover la colaboración entre los miembros del grupo como forma de conseguir una meta común.

VÍDEO

Visualiza con atención el vídeo que te mostramos a continuación en el que se debate sobre la aplicación de las dinámicas de grupo en el aprendizaje.

Continúa en página siguiente >>

<< Viene de página anterior

https://redirectoronline.com/mf14420305

ACTIVIDAD COMPLEMENTARIA

3. Tras la visualización del vídeo anterior, contesta a las siguientes preguntas: ¿Para qué tipo de conocimiento son adecuadas este tipo de actividades? ¿Qué opinión tienes sobre su efectividad? ¿Has diseñado dinámicas de grupo anteriormente?

TAREA 8

Continuamos con el diseño de nuestra programación didáctica. Llega el momento de determinar la metodología de trabajo que se va a usar, las estrategias y actividades de manera que se adecue al aprendizaje de adultos.

En base a la modalidad de impartición que has elegido:

- Concreta la metodología de trabajo más adecuada.
- Diseña las principales actividades de aprendizaje, especificando los métodos y recursos didácticos necesarios para el desarrollo de las actividades propuestas.

8. Recursos pedagógicos. Relación de recursos, instalaciones, bibliografía, anexos: características y descripción

Un **recurso pedagógico o didáctico** se puede definir como *cualquier **material** que en un contexto educativo determinado sea utilizado con una **finalidad didáctica** o para facilitar el desarrollo de acciones formativas.*

Para que un material didáctico resulte eficaz y adecuado a la acción formativa a desarrollar se deberán tener en cuenta algunas **consideraciones para su elección:**

- **Objetivos educativos:** cuáles son los **objetivos educativos** que se pretenden lograr. En función de esto se elegirán aquellos materiales o medios que resulten más adecuados para su consecución o logro.
- **Contenidos:** los **contenidos que se van a tratar.** El material debe estar en sintonía con los contenidos de la materia que se estén trabajando.
- **Características del alumnado:** las **características de los estudiantes** con los que se van a usar estos recursos (capacidades, estilos de aprendizaje, intereses, motivaciones y experiencias previas que posean y las habilidades requeridas para el uso de estos materiales). La adecuación de todo material didáctico requiere que sus usuarios cumplan unos determinados requisitos.
- **Características del contexto:** las **características del contexto** en el que se desarrolla la acción formativa y dónde se piensa emplear el material didáctico seleccionado.
- **Estrategias didácticas:** las **estrategias didácticas** que se pueden diseñar, considerando el uso de los materiales y sin olvidar la secuenciación de los contenidos, el conjunto de actividades que se pueden proponer a los estudiantes, la metodología asociada a cada una, los recursos educativos que se pueden emplear, etc.

Los recursos pedagógicos o educativos se suelen clasificar en **tres grupos** diferentes:

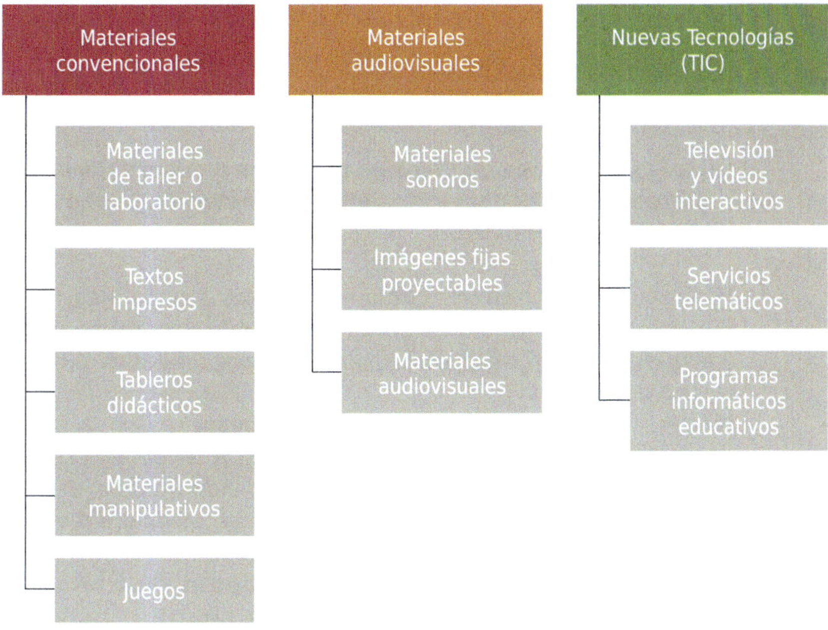

Además de estos factores comentados, a la hora de determinar los recursos educativos de una acción formativa vinculada a un certificado profesional deben considerarse **los recursos mínimos establecidos en dicho certificado, respecto a instalaciones, espacios y equipamientos.**

RECUERDA

Cada certificado profesional tiene sus propios requerimientos sobre espacios, instalaciones y equipamientos. Sobre ellos se incluirán tantas especificaciones como sean necesarias para el uso de las instalaciones o materiales.

A modo de hacer un repaso de los posibles materiales con los que puedes trabajar, te proponemos la siguiente aplicación práctica en la que trabajarás también su clasificación.

APLICACIÓN PRÁCTICA

Clasifica los siguientes recursos pedagógicos o educativos en función de si pertenecen a las nuevas tecnologías, materiales audiovisuales o materiales convencionales.

- **Materiales manipulativos como recortables o cartulinas.**
- **Servicios telemáticos: páginas web, *weblogs, tours* virtuales, webquest, correo electrónico, chats, foros, unidades didácticas y cursos *online,* etc.**
- **Juegos, como pueden ser los juegos de mesa.**
- **Impresos (textos), por ejemplo, los libros, fotocopias, etc.**
- **Programas informativos educativos como videojuegos, actividades de aprendizaje, presentaciones multimedia, enciclopedias, animaciones y simulaciones.**
- **Imágenes fijas o proyectables (fotos), diapositivas o fotografías.**
- **Tableros didácticos, como por ejemplo, la pizarra.**
- **TV y vídeo interactivos.**
- **Materiales sonoros (audio).**
- **Materiales de laboratorio, como los microscopios.**
- **Materiales audiovisuales (vídeo), diferentes tipos de montajes audiovisuales, películas, programas de televisión, etc.**

SOLUCIÓN

Nuevas tecnologías (TIC)

- Servicios *online:* páginas webs, *weblogs, tours* virtuales, *webquest,* correo electrónico, chats, foros, unidades didácticas y cursos *online,* etc.
- Programas informativos educativos como videojuegos, actividades de aprendizaje, presentaciones multimedia, enciclopedias, animaciones y simulaciones interactivas, etc.
- TV y vídeo interactivos.

Materiales audiovisuales

- Materiales audiovisuales: (vídeo), diferentes tipos de montajes audiovisuales, películas, programas de televisión, etc.
- Imágenes fijas o proyectables (fotos), diapositivas o fotografías.
- Materiales sonoros (audio).

Continúa en página siguiente >>

<< Viene de página anterior

Materiales convencionales

- Materiales manipulativos como recortables o cartulinas.
- Tableros didácticos, como por ejemplo, la pizarra.
- Materiales de laboratorio, como los microscopios.
- Juegos, como pueden ser los juegos de mesa.
- Impresos (textos), por ejemplo, los libros, fotocopias, etc.

HILO CONDUCTOR

Volvamos al caso de Julia. Su acción formativa está vinculada a un certificado profesional, que se impartirá en modalidad presencial. Los certificados profesionales, como vimos anteriormente, incluyen un último apartado destinado a la enumeración de los requisitos mínimos de espacios, instalaciones y equipamiento.

Por lo tanto, Julia lo primero que debe hacer es consultar este apartado. En caso de que la formadora observase falta de adecuación en los recursos enumerados, por haberse quedado obsoletos o por necesitar otros específicos para la ejecución de las actividades y técnicas incluidas en el diseño de la acción formativa, deberá adaptarse el listado.

Julia valora los requisitos de espacios, instalaciones y equipamiento, y los considera adecuados, aunque estima necesario añadir la documentación escrita que el alumnado deberá utilizar para aprovechar al máximo las sesiones formativas.

Accede al siguiente enlace para descargar un ejemplo de los recursos de una programación didáctica.

Ejemplo de recursos

https://redirectoronline.com/mf14420306

TAREA 9

Continuamos con el diseño de nuestra programación didáctica. Llega el momento de determinar los recursos, equipamientos e instalaciones necesarios para desarrollar adecuadamente el diseño de la acción formativa que hemos perfilado.

Partiendo de las actividades y las estrategias metodológicas seleccionadas, y sin olvidar el referente que al respecto se establece en el certificado profesional elegido, detalla los recursos pedagógicos (bibliografía, anexos...), instalaciones y equipamientos necesarios.

9. Temporalización

☞ HILO CONDUCTOR

La acción formativa de Julia se impartirá en sesiones de 5 horas diarias de lunes a viernes, exceptuando los días no lectivos que pudiera haber por festividades o fechas señaladas tradicionalmente como no lectivas.

Para comenzar la temporalización, Julia debe calcular el número de sesiones formativas necesarias para cada módulo o unidad formativa.

Continúa en página siguiente >>

<< Viene de página anterior

Temporalización

https://redirectoronline.com/mf14420307

En este apartado se debe reflejar la temporalización de la impartición de la acción formativa. Es decir, el **calendario de ejecución** de los bloques que componen la acción.

De la misma forma que se van concretando los objetivos y actividades conforme se va profundizando en el diseño de la programación didáctica, también se va concretando el calendario de ejecución, llegando a la **calendarización de las diferentes sesiones formativas.**

Al tratarse de un certificado profesional, la **duración de cada módulo formativo o unidad formativa,** en su caso, **viene establecida** previamente, bien en el decreto que corresponda o en la ficha de dicho certificado. La temporalización, en este caso, se realizará teniendo en cuenta las horas de impartición de cada sesión formativa.

Esta estimación de días lectivos debe traspasarse a un calendario real, para así obtener el calendario de ejecución. No debemos olvidar que **los días estimados son días lectivos.** Deben exceptuarse, por tanto, fines de semana, festivos y periodos vacacionales, en caso de haberlos.

Imaginemos que el curso de Julia comienza el día 1 de abril de 2024. El calendario de la acción formativa quedaría como sigue:

Inicio del curso: 01/04/2024

Fin del curso: 11/11/2024

MÓDULO FORMATIVO	UNIDAD FORMATIVA	FECHA DE INICIO	FECHA DE FIN	OBSERVACIONES
MF1055_3: Elaboración y gestión de viajes combinados	**UF0073:** Productos, servicios y destinos turísticos	01/04/2024	24/04/2024	
	UF0074: Planificación, programación y operación de viajes combinados	25/04/2024	13/05/2024	El día 01/05/2024 es festivo nacional (Día del trabajador)
MF1056_3: Gestión de eventos	**UF0075:** Planificación, organización y control de eventos	14/05/2024	06/06/2024	
	UF0076: Comercialización de eventos	07/06/2024	24/06/2024	
	UF0043: Gestión de protocolo	17/06/2024	24/06/2024	
MF0268_3: Gestión de unidades de información y distribución turísticas	**UF0077:** Procesos de gestión de unidades de información y distribución turísticas	25/06/2024	12/07/2024	
	UF0049: Procesos de gestión de calidad en hostelería y turismo	15/07/2024	26/07/2024	Mes de agosto no lectivo
MF1057_2: Inglés profesional para turismo		02/09/2024	11/11/2024	1 de noviembre festivo nacional (Día de todos los Santos)
MP0018: Módulo de prácticas profesionales no laborales de Creación y gestión de viajes combinados y eventos		26/09/2024	11/11/2024	1 de noviembre festivo nacional (Día de todos los Santos)

10. Criterios de evaluación: tipos, momento, instrumentos, ponderaciones

En este apartado debe detallarse el **sistema de evaluación** que se seguirá en la acción formativa, tanto para evaluar el **rendimiento del alumnado** y su nivel de adquisición de las competencias establecidas como objetivo, como para evaluar la **calidad de la propia acción formativa,** atendiendo a todos sus elementos (personal docente, materiales didácticos, diseño de actividades...).

DEFINICIÓN

Sistema de evaluación

Se entiende por evaluación *la actividad o proceso sistemático de identificación, recogida o tratamiento de datos, sobre elementos o hechos educativos, con el objetivo de valorarlos primero, y sobre dicha valoración, tomar decisiones.* (García Ramos, 1989)

Pueden determinarse diferentes **tipos** de evaluaciones según se atienda a uno u otro criterio:

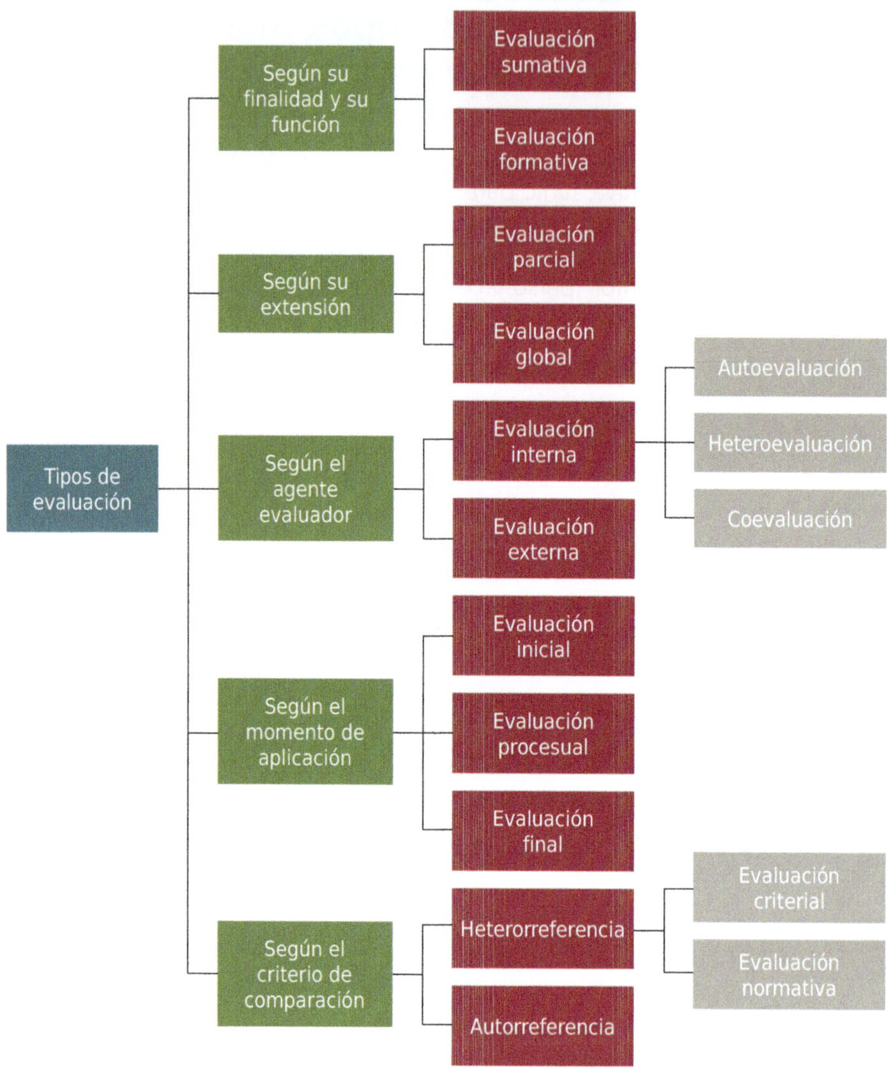

A continuación se explican cada uno de los anteriores tipos de evaluaciones:

- **Evaluación formativa:** cuando la evaluación se usa como estrategia de mejora, sirve para ajustar sobre la marcha los procesos educativos de cara a conseguir las metas u objetivos previstos.
- **Evaluación sumativa:** se trata de una evaluación de procesos terminados, determina la validez o valía del elemento evaluado.
- **Evaluación global:** cuando se pretende abarcar todos los componentes o dimensiones de los alumnos, el centro, etc. Se trata de una evaluación holística o integral.

- **Evaluación parcial:** se centra en la valoración de determinados componentes o dimensiones del rendimiento de los alumnos, el centro, etc.
- **Evaluación externa:** cuando los agentes no integrantes de un centro o programa evalúan su funcionamiento. Es el caso de la evaluación de expertos, por ejemplo, inspectores de educación, al evaluar un centro educativo.
- **Evaluación interna:** es llevada a cabo o promovida por los propios integrantes de un centro, programa educativo, etc.

  - **Autoevaluación:** cuando es el evaluador el que evalúa su propio trabajo.
  - **Heteroevaluación:** la evaluación la realiza una persona sobre el trabajo, actuación, rendimiento... realizado por otra.
  - **Coevaluación:** cuando los sujetos o grupos se evalúan mutuamente.

- **Evaluación inicial:** se realiza en el momento de inicio de la acción formativa. Consiste en una recogida de datos en la situación inicial.
- **Evaluación procesual:** consiste en la evaluación a través de la recogida continua y sistemática de datos a lo largo del tiempo fijado para la consecución de los objetivos. Permite tomar decisiones de mejora sobre la marcha.
- **Evaluación final:** consiste en la recogida y valoración de los datos al finalizar un período de tiempo previsto para la realización del aprendizaje.
- **Autorreferencia:** en el caso en que la referencia sea el propio sujeto, se considerarán tiempos empleados, metas e intereses, objetivos propuestos, etc.
- **Evaluación criterial:** cuando se comparan los resultados del proceso educativo con unos objetivos previamente fijados o bien con patrones de realización deseables.
- **Evaluación normativa:** el referente para la evaluación es el nivel general de un grupo de referencia determinado, otros alumnos, centros, programas, etc.

Los **instrumentos** para la evaluación son **aquellos medios que permiten recoger o registrar la información extraída del proceso de evaluación.** La elaboración de estos instrumentos se establecerá **en base al indicador que se pretende evaluar o registrar.** Estos indicadores estarán determinados por el tipo de evaluación que se vaya a llevar a cabo.

No todos los instrumentos de evaluación son adecuados para evaluar diferentes tipos de aprendizaje. Las características distintivas de estos (qué se pretende medir) determinarán **la validez del instrumento elegido** (a través de qué se pretende medir).

Observa a través de la siguiente tabla qué **instrumentos de evaluación** pueden usarse para evaluar **cada tipo de aprendizaje:**

Conocimientos	Procedimientos	Actitudes
- Pruebas escritas - Pruebas orales - Hojas de práctica - Organizadores visuales - Trabajos de investigación - Monografías - Portafolios	- Guía de prácticas - Textos escritos - Fichas de observación - Lista de cotejo - Pruebas de ejecución - Guía de entrevista - Portafolios	- Fichas de observación - Lista de cotejos - Anecdotarios - Escala de actitudes

HILO CONDUCTOR

Julia procede a diseñar el sistema de evaluación, atendiendo tanto a la valoración del aprendizaje del alumnado como a la evaluación de la propia acción formativa. Para ello, define el tipo de evaluación que se seguirá, los instrumentos de evaluación que se usarán y los criterios que se seguirán para establecer la calificación.

Julia define estos elementos, tal y como se recoge a continuación:

La **evaluación de la acción formativa** se realizará combinando distintos métodos e instrumentos de evaluación cuantitativa y cualitativa. Se realizará una evaluación continua durante el desarrollo de la acción formativa, a la que se sumará una prueba final, de carácter teórico-práctico, referida al conjunto de las capacidades objetivo de aprendizaje.

a. **Sistema de evaluación durante el desarrollo de la acción formativa:** la evaluación del proceso de enseñanza-aprendizaje será continua durante toda la acción formativa, teniéndose en consideración los resultados obtenidos en la valoración de las actividades y trabajos realizados en clase, de forma individual y/o colaborativa. Todas las actividades a realizar se han diseñado cuidadosamente para facilitar la adquisición de los objetivos específicos establecidos para cada unidad de aprendizaje, siendo variadas sus formas: *role playing,* análisis de casos prácticos, tareas de documentación e investigación... La puntuación obtenida supondrá un 70 % de la calificación total en la acción formativa.
b. **Sistema de evaluación final:** cada Módulo Formativo o Unidad Formativa, en su caso, tendrá su propia prueba de evaluación final, compuesta de dos partes:

    I. **Prueba tipo test de ítems de selección única entre 4 alternativas.** La fórmula de corrección será [aciertos-(errores/3)]. La puntuación obtenida en esta parte de la prueba de evaluación supondrá un 30 % de la calificación total obtenida en la prueba (la puntuación máxima, por tanto, que se obtendrá en esta parte serán 3 puntos).
    II. **Prueba práctica.** Se facilitará al alumnado una prueba práctica, donde el alumno deberá demostrar tener adquiridas las capacidades establecidas como objetivos del Módulo Formativo o Unidad Formativa, en su caso. La puntuación obtenida en esta parte de la prueba de evaluación supondrá un 70 % de la calificación total obtenida en la prueba (la puntuación máxima, por tanto, que se obtendrá en esta parte serán 7 puntos). Los resultados obtenidos en la evaluación se expresarán mediante puntuaciones con un rango de 0-10, sumando las puntuaciones de la parte de la prueba de tipo test y la prueba práctica. La puntuación obtenida se ponderará representando el 30 % de la calificación total en la acción formativa.

Continúa en página siguiente >>

<< Viene de página anterior

Para aprobar satisfactoriamente la acción formativa, el alumno debe aprobar todos los módulos formativos o unidades formativas que la componen. Los resultados obtenidos en la evaluación se expresarán mediante puntuaciones con un rango de 0-10. Para superar un módulo o unidad formativa será necesario obtener una **puntuación mínima de 5 en la prueba de evaluación final.**

A los alumnos que no hayan superado la prueba de evaluación final del módulo o unidad formativa en primera convocatoria o que no hubieran podido realizarla por causa justificada, se les ofrecerá una segunda convocatoria, antes de concluir la acción formativa, en la que se le aplicará otra prueba paralela a la anterior.

La calificación total obtenida se determinará en términos de "apto" o "no apto", con las siguientes valoraciones:

- **"No apto":** si la puntuación final del módulo es inferior a 5 puntos.
- **"Apto"** (Suficiente): si la puntuación final del módulo es de 5 a 6,9 puntos.
- **"Apto"** (Notable): si la puntuación final es de 7 a 8,9 puntos.
- **"Apto"** (Sobresaliente): si la puntuación final es de 9 a 10 puntos.

Como parte del aseguramiento de la calidad de la acción formativa, se ha incluido en el diseño de la evaluación la valoración de la adecuación de la propia acción formativa, con el objetivo de medir el ajuste y detectar posibles mejoras en relación al material didáctico, recursos pedagógicos, actuación del formador y resto de personal del centro de formación, y cualquier otro elemento que pudiera interferir en el éxito de la acción formativa.

Para ello, se pasarán de forma temporal cuestionarios de satisfacción al alumnado y formador, con el objetivo de obtener la opinión de estos. En todo momento, además, el alumnado dispondrá de un buzón de quejas y sugerencias, que podrá usar para transmitir a la dirección cualquier descontento o propuesta de mejora.

TAREA 10

Continuamos un paso más en nuestro diseño de programación didáctica. Llega el momento de determinar el sistema de evaluación más adecuado para comprobar tanto el rendimiento del alumno como la adecuación del propio proceso de formación.

Para ello:

- Determina el sistema de evaluación apropiado para la evaluación de la adquisición de las competencias profesionales por parte del alumno, concretando momentos de la evaluación, instrumentos, ponderaciones y criterios de evaluación de referencia.
- Determina el sistema de evaluación del propio proceso formativo, prestando especial atención al diseño de la acción formativa detallado en la programación didáctica.

11. Observaciones para la revisión, actualización y mejora de la programación

HILO CONDUCTOR

Julia repasa la legislación vigente en materia de calidad de las acciones formativas.

Entre otras normativas como el Real Decreto 694/2017, el Real Decreto 659/2023, el Real Decreto-ley 4/2015, en la Ley Orgánica 3/2022 encuentra a destacar que:

"La evaluación de la calidad del Sistema de Formación Profesional se realizará con arreglo a los indicadores establecidos en el Marco Europeo de Garantía de la Calidad de la Formación Profesional (EQAVET). Todas las administraciones públicas con competencia en la materia velarán por la calidad de todas las acciones y los servicios del Sistema de Formación Profesional, en especial la orientación profesional, la formación impartida en los dos regímenes, en todos sus entornos de aprendizaje y en todas sus modalidades, y la acreditación de

Continúa en página siguiente >>

<< Viene de página anterior

competencias profesionales. A estos efectos, se contará con la alta inspección de educación y la inspección educativa para las actuaciones de inspección, supervisión y evaluación del Sistema de Formación Profesional. Se establecerán reglamentariamente los instrumentos de verificación de la calidad, y los sistemas de certificación de centros de formación profesional y de empresas u organismos equiparados."

Con el propósito de aumentar la calidad de las acciones formativas diseñadas, es fundamental establecer una evaluación continua del propio proceso formativo. De esta forma, se pueden detectar a tiempo aspectos que deben mejorarse.

La programación didáctica debe ser, por tanto, objeto de evaluación, determinándose como **referentes para la evaluación** del diseño y la efectividad de la misma los siguientes:

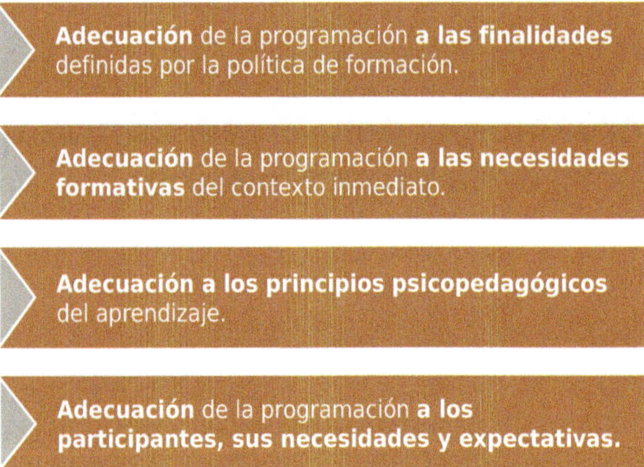

Además de estos referentes se deberán tener en cuenta una serie de **criterios para la evaluación** que valoren los siguientes aspectos de las programaciones:

- **Pertinencia:** adecuación a las políticas y contexto de formación.
- **Actualización:** adecuación de los objetivos del programa y las necesidades reales o sociales.
- **Objetividad:** adecuación a las leyes y principios científicos.
- **Aplicabilidad:** posibilidad de puesta en práctica de los objetivos propuestos.
- **Suficiencia:** si satisface las necesidades detectadas.

- **Eficacia:** nivel del logro de los objetivos propuestos.
- **Eficiencia:** grado de implicación de recursos humanos, materiales, etc.
- **Comprensibilidad:** relación entre los objetivos logrados y los recursos implicados.
- **Relevancia:** grado de importancia del programa para cubrir las necesidades individuales y sociales.
- **Coherencia:** grado de adecuación entre sí de los distintos componentes del programa.

Por otro lado, además, cuando la formación está vinculada a certificados profesionales o cualificaciones profesionales, se debe tener siempre presente el **continuo cambio del mercado laboral y la realidad social** y su adaptación a los perfiles profesionales. Esto significa que las administraciones y organismos competentes promulgarán las modificaciones necesarias para mantener siempre actualizadas las cualificaciones profesionales y, en consecuencia, los certificados de profesionalidad.

Esto será un motivo más por el que se tendrá que establecer un **plan de revisión y actualización continua** de la programación didáctica para las acciones formativas en Formación Profesional.

PARA SABER MÁS

A modo de resumen y como apoyo te sugerimos que accedas al siguiente enlace, donde puedes consultar un documento publicado por el Servicio Navarro de Empleo, en el que encontrarás una guía sobre cómo realizar la programación didáctica de la acción formativa.

https://redirectoronline.com/mf14420308

Es el momento de dar el toque final a la programación didáctica con el fin de llevar un seguimiento y control de la calidad del proceso de enseñanza-aprendizaje, los recursos humanos y materiales que hacen posible que se lleve a cabo.

SABÍAS QUE...

EQAVET es el Marco de Referencia Europeo de Garantía de la Calidad en la Educación y Formación Profesionales. Dicho instrumento actúa como referencia para ayudar a los países de la UE a fomentar y encauzar la mejora continua de sus sistemas de formación profesional a partir de unas referencias acordadas en común.

La calidad es una tarea de toda la comunidad educativa, en la que todos los agentes participantes deben intervenir.

TAREA 11

Ya estamos finalizando el diseño de nuestra programación didáctica. En un paso anterior se diseñó el sistema de evaluación y seguimiento del proceso formativo, determinando momentos, instrumentos y criterios de evaluación.

Pero, para que esta evaluación sea útil, no solo basta con medir variables, sino que el sistema debe promover la toma de decisiones en función de los resultados obtenidos, con la finalidad de adaptar y mejorar la calidad de la formación.

Para ello, organiza un calendario de sesiones para la coordinación del claustro de profesores, determinando el momento y quiénes participarán en dichas sesiones.

TAREA 12

La actualización y perfeccionamiento docente debe considerarse como parte del sistema de calidad de la formación. Son numerosas las iniciativas que, desde entidades públicas y privadas, promueven esta actualización del formador.

Realiza una labor de documentación e investigación y determina iniciativas y acciones en las que pueda participar el personal docente, concretando el organismo o entidad que lo desarrolla, breve descripción de la iniciativa y colectivo al que se dirige.

12. Resumen

Como se ha visto en la unidad didáctica, por **competencia profesional** se entiende el conjunto de conocimientos y capacidades que permiten el ejercicio de la actividad profesional, conforme a las exigencias de producción y empleo.

La Formación Profesional está relacionada con la formación en competencias profesionales, por lo que la **programación didáctica** de cada acción formativa debe ir **enfocada a la adquisición de las competencias profesionales** que definen la ocupación a la que se dirige.

La **programación didáctica** se entiende, por tanto, como el **documento** en el que se detallan los **aspectos relevantes del diseño del proceso educativo.**

En el siguiente gráfico se recogen todos los **elementos** que debe incluir una **programación didáctica:**

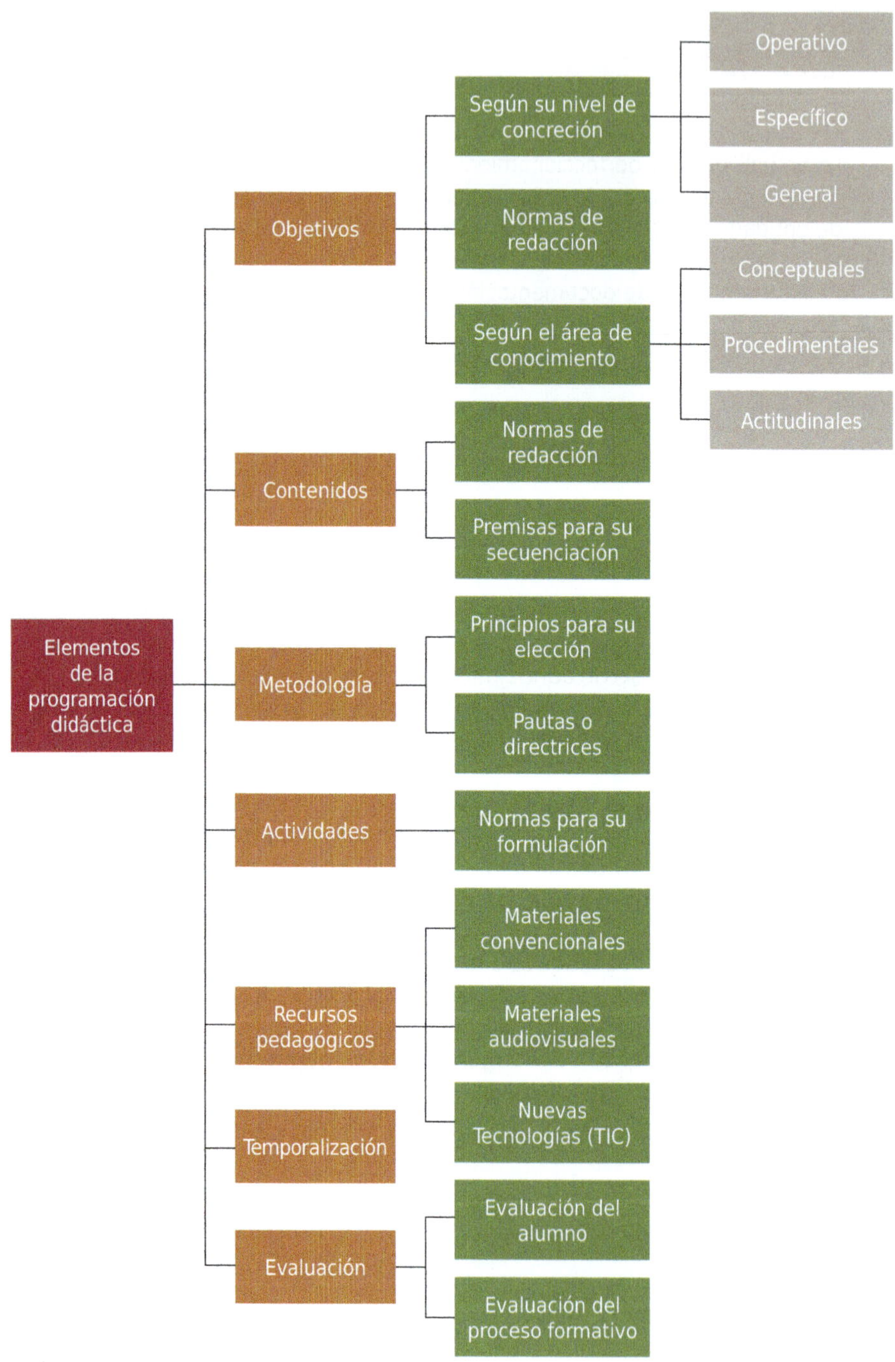
Elementos de la programación didáctica
Objetivos
Según su nivel de concreción
Operativo
Específico
General
Normas de redacción
Según el área de conocimiento
Conceptuales
Procedimentales
Actitudinales
Contenidos
Normas de redacción
Premisas para su secuenciación
Metodología
Principios para su elección
Pautas o directrices
Actividades
Normas para su formulación
Recursos pedagógicos
Materiales convencionales
Materiales audiovisuales
Nuevas Tecnologías (TIC)
Temporalización
Evaluación
Evaluación del alumno
Evaluación del proceso formativo

Ejercicios de autoevaluación Unidad de Aprendizaje 3

1. **¿Cuál es el concepto de competencia en el ámbito de la Formación Profesional?**

____

____

____

____

2. **¿Cuáles son los elementos didácticos que conforman las programaciones didácticas?**

____

____

____

____

3. **Las funciones de los objetivos son:**

    a. Servir de guía al proceso de enseñanza-aprendizaje y proporcionar criterios para su evaluación y control.
    b. Servir de orientación para el proceso de enseñanza aprendizaje y concretarlo.
    c. Suponen una concreción de los contenidos y la evaluación.

4. **En función de la concreción de la tarea los objetivos podrán clasificarse en...**

    a. ... generales y específicos.
    b. ... generales, operativos y concretos.
    c. ... operacionales, específicos y generales.

5. **La taxonomía de Bloom y sus colaboradores sobre los objetivos establecen ____ niveles de complejidad creciente.**

    a. 3
    b. 4

c. 7
d. 6

6. Completa la siguiente tabla de taxonomía de Dave.

	Tendencia espontánea a la imitación. Imitación observable.
Nivel 2. Manipulación	
Nivel 3. Precisión	Reproducción. Dirección (reproducir la acción sin modelo, modificar la acción y la velocidad según situación).
	Secuencia. Armonía.
Nivel 5. Naturalización	

7. ¿Cómo se definen los contenidos?

----

8. Los contenidos pueden ser de tres tipos...

a. ... actitudinales, procedimentales y evaluativos.
b. ... conceptuales, procedimentales y actitudinales.
c. ... objetivos, conceptuales y evaluativos.

9. En base a la presencia o no del formador, los métodos pueden clasificarse en:

a. Heterodidácticos y autodidácticos.
b. Críticos y escépticos.
c. Impositivos y expositivos.
d. Dialécticos y didácticos.

10. Indica cuáles son las características de la modalidad presencial.

____
____
____
____

11. Señala si las siguientes afirmaciones son verdaderas o falsas.

a. Una de las características de la modalidad virtual es el ahorro de costes de desplazamiento y tiempo.

- Verdadero
- Falso

b. En la modalidad virtual nunca se producen problemas derivados del funcionamiento de los canales de comunicación digital.

- Verdadero
- Falso

c. La modalidad virtual facilita la autonomía del estudiante y el ajuste a sus necesidades.

- Verdadero
- Falso

12. Completa el siguiente texto:

Un recurso pedagógico o didáctico se puede definir como __________ que en un __________ determinado sea utilizado con una finalidad __________ o para facilitar el __________ de acciones formativas.

Unidad de Aprendizaje 4

Elaboración de la programación temporalizada de la acción formativa

Contenido

1. Introducción
2. La temporalización diaria
3. Secuenciación de contenidos y concreción de actividades
4. Elaboración de la guía para las acciones formativas, para la modalidad de impartición formación en línea
5. Resumen

Objetivos

Los objetivos específicos de esta Unidad de Aprendizaje son:

→ Conocer las particularidades que influyen en la elaboración de la temporalización diaria.

→ Elaborar la guía para la modalidad de teleformación.

→ Realizar una planificación para la impartición de los contenidos y la realización de las actividades.

1. Introducción

La información contenida en esta unidad de aprendizaje supone el **último nivel de concreción** en las programaciones educativas, pues se desarrollan los aspectos esenciales de las unidades didácticas y las guías didácticas para las programaciones de las acciones educativas en línea.

En primera instancia, se desarrollarán brevemente los **elementos** que ha de contener una **unidad didáctica,** aunque ya se trabajaron con mayor profundidad en la unidad de aprendizaje anterior. Se expondrá cómo deberán relacionarse los mismos para la realización de una unidad didáctica, que va a suponer la temporalización y organización de práctica diaria.

Por otro lado, se hará hincapié en la **secuenciación de actividades y contenidos,** así como los principios que la regirán.

Por último, se desarrollarán los aspectos clave en la **elaboración de las guías didácticas** de las programaciones de las acciones educativas que van a desarrollarse en la **modalidad en línea.**

Para el desarrollo del contenido nos seguiremos basando en el caso de Julia, que ya ha elaborado su programación didáctica.

2. La temporalización diaria

HILO CONDUCTOR

Julia ya ha elaborado su programación didáctica, ahora partiendo de ella deberá elaborar cada unidad didáctica que, como define Novalbos (2016):

"Es un documento, a modo de declaración de intenciones, constituido por una serie de elementos que guiarán al profesorado en el tratamiento de las competencias y contenidos de dicha unidad, con unos objetivos, unas metodologías, unos tiempos y unos criterios de evaluación. Además, debe tener en cuenta los conocimientos didácticos actuales sobre el proceso de enseñanza-aprendizaje."

Como se expuso en la anterior unidad de aprendizaje, los contenidos que conforman los diferentes bloques o módulos deben dividirse en unidades más pequeñas con un contenido relacionado. Estas partes más pequeñas constituyen las **unidades didácticas.**

DEFINICIÓN

Unidades didácticas

Es la unidad de trabajo relativa a un proceso de enseñanza-aprendizaje, articulado y completo, precisándose en ella objetivos, contenidos, actividades, temporalización, recursos y modelo de evaluación.

Para cada unidad didáctica habrá que definir los siguientes elementos:

La unidad didáctica constituye, por tanto, el **último nivel de concreción dentro de la programación.**

NOTA

Las unidades didácticas deberán estar adaptadas al contexto formativo, la modalidad formativa, la temporalidad, la metodología y al alumnado destinatario de las acciones formativas.

2.1. Características: organización, flexibilidad y contenido

La unidad didáctica será **diseñada por el tutor-formador,** o por el equipo de tutores, en función de las características de la acción formativa a desarrollar y ajustada a la programación general para cada área. Las unidades didácticas tendrán una **duración determinada** y estarán supeditadas al aprendizaje previo de los alumnos. **Se subdividirán en sesiones de trabajo,** siendo su meta el logro de los objetivos del aprendizaje.

Pero, ¿por qué deben crearse estas unidades? ¿Qué aporta esta estructura?

Sus **principales aportaciones** son:

- Facilitan al docente la práctica diaria, puesto que suponen la planificación y organización del modo en que se impartirán los contenidos formativos.
- Dan respuesta a las necesidades y expectativas formativas del alumnado.
- Deben poseer un carácter flexible que permita ajustar y adecuar contenidos, actividades, etc., a los ritmos de enseñanza y aprendizaje, así como a las posibles incidencias que se produzcan en el desarrollo de la acción formativa.
- Sirven de ayuda a la evaluación del curso o acción formativa.

2.2. Estructura

☞ HILO CONDUCTOR

Para comenzar la elaboración de una unidad didáctica es preciso que Julia conozca cada uno de los elementos que la forman, teniendo en cuenta que todos ellos se encuentran interrelacionados entre sí.

Así podrá seguir cada uno de los pasos básicos, como se verán a continuación.

Las unidades didácticas, de modo general, mantendrán la siguiente **estructura:**

A continuación se describen cada uno de estos elementos.

Descripción de la unidad didáctica

Este apartado contendrá lo siguiente:

1. **Breve descripción:** título de la unidad o tema, o materia específica que constituye el eje organizador del tema. En cuanto a los certificados profesionales, será necesario que se incluyan los datos identificativos del certificado al que corresponde.
2. **Justificación:** que contendrá los siguientes aspectos:

    a. **Relación con la programación:** la relación con la **programación didáctica** general y con los objetivos y contenidos que en ella se proponen.
    b. **Conocimientos o habilidades previas:** los **conocimientos o habilidades previas** que deben tener los alumnos para el desarrollo de la unidad, especificando el nivel al que se dirige. También debe detallarse el contexto sociocultural en el que se enmarca la acción formativa.
    c. **Principios metodológicos:** los **principios metodológicos** que se seguirán durante la unidad.
    d. **Temporalización:** la **temporalización y el número de sesiones,** debiendo hacerse referencia al momento en que se va a poner en práctica.

Objetivos didácticos

Estos objetivos constituirán el **último nivel de concreción** de los objetivos propuestos en la programación didáctica. Estarán constituidos por los **objetivos operacionales u operativos.** Para los certificados de profesionalidad supondrán la concreción de las **realizaciones profesionales y los criterios de realización,** que constituyen los objetivos generales.

Contenidos

Se harán explícitos los contenidos **conceptuales, actitudinales y procedimentales o profesionalizadores,** que se trabajarán en la unidad didáctica.

Recursos materiales

Deben señalarse aquellos **recursos, medios didácticos y materiales** que serán necesarios para el desarrollo de la unidad. Asimismo, se especificarán también los **recursos humanos** necesarios, los requisitos de los formadores y, en el caso de que fuese necesario, contar con más formadores para la impartición de la unidad o con expertos en alguna materia en concreto.

Bibliografía y anexos

Se podrán incluir también bibliografía y anexos que contendrán una **guía de los materiales o medios de referencia** y ofrecen al alumnado la posibilidad de ampliar la información, en el primero de los casos, proporcionando como anexos aquellos recursos que apoyan los materiales y contenidos y facilitan la comprensión de la unidad didáctica.

Evaluación

En este apartado se especificarán aquellas **actividades** que permitirán la valoración de las competencias, objetivos del aprendizaje, por parte del alumnado; los **medios para la autoevaluación** de los propios alumnos y las pautas y actividades para la **valoración de la acción formativa,** por parte de los responsables de la organización de la misma.

Temporalización y organización del tiempo y los espacios

En este apartado se deberá incluir una organización del tiempo, así como los espacios físicos (en el caso de que la metodología los requiera) que serán necesarios en el desarrollo de las acciones contenidas en la unidad.

Actividades de enseñanza-aprendizaje

En este apartado se debe establecer una **secuenciación** de las actividades. Será importante tener presente la **diversidad** presente en el aula y ajustar las actividades a las diferentes necesidades educativas de los alumnos en el aula.

El **diseño de las unidades didácticas deberá ser flexible** y permitir la consecución de los objetivos de aprendizaje, adaptándose a las características individuales del alumnado, la metodología elegida para el desarrollo de la acción formativa y las particularidades del contexto en el que se desarrolla la acción formativa.

Para la elaboración de las **unidades didácticas de acciones formativas vinculadas a certificados profesionales** deben seguirse los siguientes pasos:

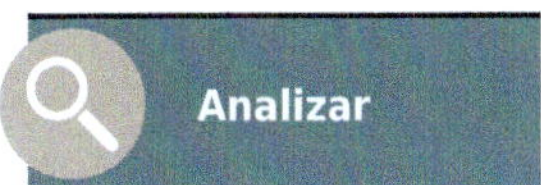

Analizar

- Analizar los objetivos específicos y criterios de evaluación de contenidos.

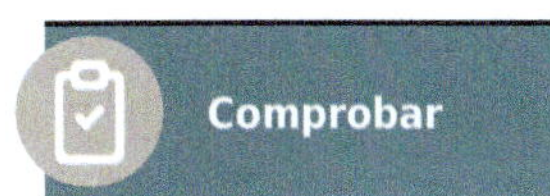

Comprobar

- Comprobar que se recogen todos los contenidos que se especifican para cada módulo formativo o unidad formativa.

Contrastar

- Contrastar la realización del módulo formativo o unidad formativa con las realizaciones profesionales y criterios de ejecución de las unidades de competencia.

Agrupar

- Agrupar el listado de contenidos en unidades didácticas.

Definir

- Definir el nombre de las unidades didácticas en términos operativos.

NOTA

Para definir el nombre de la unidad didáctica en términos operativos nos **basaremos en el verbo de acción del objetivo** general de dicha unidad y se presentará en **forma sustantivada.** Por ejemplo, si el objetivo de la unidad didáctica es "Preparar el medio de cultivo", el nombre que puede darse a esta unidad es "Preparación del medio de cultivo".

IMPORTANTE

La unidad didáctica es la **unidad elemental** de la acción formativa. Puede abarcar una sola sesión formativa o varias de estas.

3. Secuenciación de contenidos y concreción de actividades

Los **contenidos,** como ya se expuso en la anterior unidad, se encuentran **determinados por los objetivos de aprendizaje** fijados.

Cuando la acción **formativa** se encuentra **vinculada a certificados de profesionalidad,** los contenidos se hayan relacionados en estos documentos, sirviendo como referencia del índice de contenidos a incluir. Así, para cada módulo formativo o unidad formativa se especifican los contenidos que deben incluirse. Estos podrán ser conceptuales, procedimentales o actitudinales y aparecerán en el Real Decreto de forma organizada y secuenciada.

Cada unidad formativa ha de estar secuenciada y temporalizada según el índice de contenidos.

Estos contenidos se podrán **concretar más para estructurar las unidades didácticas,** pero siempre constituirán la referencia básica para el desarrollo de los contenidos de los módulos formativos y unidades formativas, como elemento fundamental para la adquisición por parte del alumnado de las capacidades profesionales.

Dentro de las unidades didácticas podrán incluirse uno o varios apartados de contenidos. No obstante, la programación de estos apartados deberá estar equilibrada, ya que puede ser que, por su elevada cantidad y/o diversidad de contenidos, sea necesario un mayor número de unidades didácticas para ser desarrollados, en lugar de crear unidades didácticas demasiado grandes.

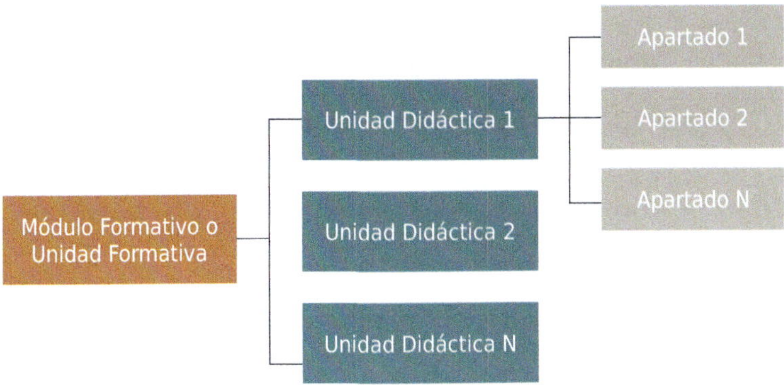

En las acciones formativas para el empleo habrá que tener en consideración los **contenidos transversales.** Estos contenidos abarcan varias disciplinas y, por ello, han de ser trabajados complementariamente. No se pueden plantear como un programa paralelo, sino que estarán **integrados en la dinámica diaria de enseñanza-aprendizaje,** impregnando la totalidad de las actividades de las acciones formativas.

HILO CONDUCTOR

Julia ya ha elaborado la programación didáctica de su acción formativa **HOTG0108. Creación y gestión de viajes combinados y eventos,** y llega el momento de realizar la programación temporalizada del desarrollo de la misma.

Como se ha expuesto anteriormente, el índice de contenidos del certificado profesional viene establecido por el Real Decreto que lo aprueba, con especificación de los contenidos de cada módulo formativo y/o unidad formativa. Julia tendrá que analizar los contenidos que se relacionan, secuenciándolos adecuadamente y estructurándolos en unidades didácticas.

Para exponer cómo se realizaría, vamos a fijarnos en una de las unidades formativas que incluye el certificado profesional sobre el que hemos estado trabajando. En concreto, vamos a fijarnos en la UF0073. Productos, servicios y destinos turísticos.

Julia ha estructurado este **índice de contenidos.**

UF0073: Productos, servicios y destinos turísticos

Unidad 1. El Turismo y la estructura del mercado turístico

- Concepto de Turismo. Evolución del concepto de Turismo.
- El sistema turístico. Partes o subsistemas.
- La demanda turística. Tipos de demanda turística. Factores que determinan la demanda turística individual y agregada.
- La oferta turística. Componentes de la oferta turística.
- Evolución histórica del turismo. Situación y tendencias.
- Análisis de la oferta y comportamiento de la demanda turística española: destinos y productos asociados.
- Análisis de la oferta y comportamiento de la demanda internacional: destinos relevantes y productos asociados.

Unidad 2. El alojamiento como componente del producto turístico

- La hostelería. Los establecimientos de alojamiento. Clasificaciones y características.
- Relaciones entre las empresas de alojamiento y las agencias de viajes y touroperadores.
- Principales proveedores de alojamiento.
- Tipos de unidades de alojamiento y modalidades de estancia:
  - Tipos de tarifas y condiciones de aplicación.
  - Cadenas hoteleras.
  - Centrales de reservas.

Unidad 3. El transporte como componente del producto turístico

- Transporte por carretera:
  - Vías de comunicación
  - Alquiler de automóviles
  - Servicios de autocares
  - Principales compañías
- Transporte por ferrocarril:
  - Tipos de trenes
  - Principales líneas de ferrocarriles
  - Emisión de billetes de transporte de ferrocarril
  - Principales compañías
- Transporte acuático:
  - Características
  - Puertos. Clasificación, modalidades y servicios en los transportes marítimos
  - Características y clases de barcos
  - Principales compañías navieras
  - Los cruceros: compañías, rutas, tarifas
- Transporte aéreo:
  - Tipos y funciones de las compañías aéreas
  - Transporte aéreo comercial

Pero no basta con presentarle al alumnado la secuenciación de contenidos, sino que se le debe implicar en su propio aprendizaje. **Se aprende haciendo,** asumiendo un rol activo, por lo que el contenido deberá complementarse con el diseño de actividades.

Las **actividades** constituyen aquellas **experiencias activas** seleccionadas por el docente para el desarrollo de los contenidos y el logro de los objetivos propuestos.

Su **diseño deberá atender a las siguientes cuestiones:**

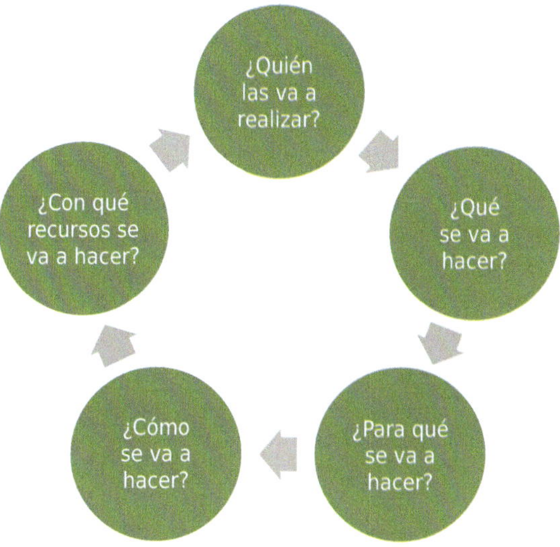

Recuerda que, con la máxima de construir **aprendizajes significativos,** deben tenerse en cuenta una serie de **principios para la secuenciación de contenidos y actividades.**

Los **principios** a tener en cuenta para la secuenciación de contenidos y actividades son:

- Se partirá de lo general para llegar a lo específico o particular.
- Se irá de lo más fácil para llegar a lo más difícil y complejo.
- Se partirá de lo más próximo (experiencia del alumno) para llegar, de forma progresiva, a lo más lejano (conceptos abstractos).
- Se empezará con contenidos y actividades individuales para, posteriormente, llegar a otras colectivas y generales.

APLICACIÓN PRÁCTICA

Marta es tutora-formadora de un curso de Contratación Laboral. Tras analizar los objetivos de aprendizaje y determinar los contenidos relacionados, decide estructurarlos en tres unidades didácticas. ¿Sabrías secuenciarlas correctamente teniendo en cuenta los principios comentados?

a. **Legislación básica laboral.**
b. **El contrato de trabajo.**
c. **Modificación, suspensión y extinción del contrato de trabajo.**

SOLUCIÓN

Teniendo en cuenta que para secuenciar los contenidos adecuadamente se deben ordenar **de lo más general a lo más específico, y de lo más simple a lo más complejo,** Marta deberá establecer como primera unidad didáctica la "Legislación básica laboral". En segundo lugar, deberá tratar "El contrato de trabajo", para posteriormente desarrollar la unidad didáctica dedicada a exponer la "Modificación, suspensión y extinción del contrato de trabajo".

En el desarrollo y secuenciación de las actividades se deberán tener en cuenta **otras consideraciones**, como son:

- La **atención a la diversidad.**
- La **motivación e intereses del alumnado.**
- **Posibilitar la participación y cooperación** entre los participantes.

3.1. Calendario de ejecución

Una vez se han estructurado las unidades didácticas de la acción formativa, se han secuenciado contenidos y diseñado actividades, llega el momento de confeccionar el **calendario de ejecución de la programación temporalizada.** Esta temporalización consiste en establecer el número de sesiones formativas, y fechas de inicio y fin de cada uno de los módulos formativos y/o unidades formativas que componen la acción formativa. Pero, ¿cómo se debe realizar esta programación temporalizada?

HILO CONDUCTOR

Retomando el caso de Julia, inmersa en la programación temporalizada de la **UF0073. Productos, servicios y destinos turísticos,** esta deberá distribuir la duración total de la Unidad Formativa en las unidades didácticas que lo conforman. Para ello, deberá tener en cuenta la **carga lectiva** que representa cada unidad **respecto al total,** en función de su importancia y la carga de trabajo que tengan asociada. La manera más adecuada de realizar esta distribución es mediante la **ponderación.**

Se debe hacer un **listado de las unidades didácticas** que componen la Unidad Formativa. A cada unidad se le asignará un **porcentaje,** según se considere su relevancia respecto al total, en función de la importancia y cantidad de contenidos, y las actividades diseñadas como necesarias para la consecución de los objetivos de aprendizaje propuestos.

A partir de esta correspondencia entre unidad didáctica y porcentaje, se distribuirán las horas totales, obteniéndose así la duración de la unidad didáctica (en caso de ser necesario, se aplicará el redondeo para obtener la duración en horas completas).

Julia aplica este procedimiento, obteniendo los resultados que se recogen en esta tabla:

Distribución de la carga lectiva de una Unidad Formativa

UF0073: Productos, servicios y destinos turísticos		**Duración total:** 90 horas
Unidad Didáctica	**Porcentaje de relevancia**	**Duración asignada**
Unidad 1. El Turismo y la estructura del mercado turístico	10 %	9 horas
Unidad 2. El alojamiento como componente del producto turístico	10 %	9 horas
Unidad 3. El transporte como componente del producto turístico	10 %	9 horas
Unidad 4. Otros elementos y componentes de los viajes combinados, excursiones o traslados	10 %	9 horas
Unidad 5. Principales destinos turísticos nacionales	25 %	23 horas
Unidad 6. Principales destinos turísticos internacionales	30 %	31 horas

Julia ya sabe la duración que tiene cada unidad didáctica. El siguiente paso es establecer el número de **sesiones formativas** en las que se desarrollarán.

Recordemos que el curso que impartirá Julia se desarrolla en **modalidad presencial**, en horario de mañana de 09:00 h - 14:00 h. **Cada sesión,** por lo tanto, es de **5 horas.** Con el propósito de conseguir una estructura más clara de las sesiones formativas, se realizará una adaptación de las horas asignadas a cada unidad, en referencia a la duración de la sesión formativa. De esta forma, Julia obtiene la siguiente distribución:

Sesiones formativas de una Unidad Formativa		
UF0073: Productos, servicios y destinos turísticos		**Total de sesiones formativas:** 18
Unidad Didáctica	**N.º de horas**	**N.º de sesiones formativas**
Unidad 1. El Turismo y la estructura del mercado turístico	9	2
Unidad 2. El alojamiento como componente del producto turístico	9	2
Unidad 3. El transporte como componente del producto turístico	9	2
Unidad 4. Otros elementos y componentes de los viajes combinados, excursiones o traslados	9	2
Unidad 5. Principales destinos turísticos nacionales	23	4,5
Unidad 6. Principales destinos turísticos internacionales	32	5,5

Para poner en práctica lo que acabas de estudiar te planteamos la siguiente actividad que parte del caso anterior de Marta:

APLICACIÓN PRÁCTICA

Marta, la formadora del curso de Contratación Laboral, debe calcular la duración de cada una de las tres unidades didácticas que componen su curso, partiendo de la duración total de la acción formativa que está establecida en 40 horas. Para ello, ha calculado el porcentaje que cada unidad didáctica representa sobre la totalidad del curso.

a. **UD 1. Legislación básica laboral (25 %)**
b. **UD 2. El contrato de trabajo (30 %)**
c. **UD 3. Modificación, suspensión y extinción del contrato de trabajo (45 %)**

1. **18 horas**
2. **12 horas**
3. **10 horas**

SOLUCIÓN

Como se ha podido comprobar asignando el porcentaje correcto a cada unidad didáctica se pueden distribuir las horas totales, quedando:

UD 1. Legislación básica laboral (25 %)	10 horas
UD 2. El contrato de trabajo (30 %)	12 horas
UD 3. Modificación, suspensión y extinción del contrato de trabajo (45 %)	18 horas

3.2. Estructura de la sesión formativa

Cada **sesión formativa,** para estar correctamente diseñada, debe tener una **estructura.**

Independientemente de la temática, una sesión formativa, una clase, tiene una estructura común.

Para ello, la sesión formativa estará compuesta por una serie de pasos o secuencia que se llevará a cabo en el desarrollo de la misma.

La planificación horaria y espacial de la unidad didáctica requiere un tiempo de dedicación, con el fin de que cuadre con la planificación centro.

En la siguiente aplicación práctica podrás ordenar los diferentes pasos hasta obtener la secuencia recomendada para el desarrollo de la sesión formativa.

APLICACIÓN PRÁCTICA

Sitúa cada uno de los siguientes elementos en la posición correcta.

a. **Introducción y definición de los objetivos de la sesión formativa. Se recomienda hacer un pequeño resumen de la sesión anterior, enlazándola con la actual.**
b. **Desarrollo del contenido teórico, según la estrategia metodológica que se haya elegido.**
c. **Resumen de los principales conocimientos trabajados.**
d. **Breve presentación de la siguiente sesión formativa.**
e. **Guion de contenidos y actividades a desarrollar en la sesión formativa.**
f. **Realización de actividades por parte del alumnado.**
g. **Corrección de actividades y determinación de conclusiones.**

Continúa en página siguiente >>

<< Viene de página anterior

SOLUCIÓN

El orden correcto es:

1. Introducción y definición de los objetivos de la sesión formativa. Se recomienda hacer un pequeño resumen de la sesión anterior, enlazándola con la actual.
2. Guion de contenidos y actividades a desarrollar en la sesión formativa.
3. Desarrollo del contenido teórico, según la estrategia metodológica que se haya elegido.
4. Realización de actividades por parte del alumnado.
5. Corrección de actividades y determinación de conclusiones.
6. Resumen de los principales conocimientos trabajados.
7. Breve presentación de la siguiente sesión formativa.

HILO CONDUCTOR

Julia sigue concretando cada unidad didáctica diseñando la secuencia de las diferentes sesiones formativas.

Veamos, por ejemplo, cómo realiza la **programación temporalizada de la Unidad Didáctica 5.**

Programación de la unidad didáctica 5	
Unidad 5. Principales destinos turísticos nacionales	
Objetivo general	Reconocer y describir los principales destinos turísticos nacionales, teniendo en cuenta la tipología de su producto y el potencial de su demanda.
Objetivos específicos	- Identificar los oferentes más significativos del mercado turístico nacional. - Describir las características de las ofertas más importantes del mercado turístico nacional.

Continúa en página siguiente >>

<< Viene de página anterior

Programación de la unidad didáctica 5	
Duración	23 horas
Contenidos	4. Turismo de sol y playa: - El producto sol y playa - Análisis del turista de sol y playa - Las playas españolas - Costas peninsulares 5. Turismo de naturaleza y turismo activo: - Ecoturismo. Turismo rural - Los parques nacionales y naturales - Actividades terrestres, acuáticas, aéreas, mixtas y de multiaventura - Productos turísticos unidos a deportes de aventura y a deportes tradicionales - Análisis de la demanda 6. Turismo cultural y religioso: - Patrimonio cultural y religioso de España - Destinos e itinerarios del producto cultural y religioso. Imagen y comercialización - Análisis de la demanda 7. Turismo profesional: - Turismo profesional en España - Principales destinos - Análisis de la demanda del turismo profesional 8. Turismo social y de salud: - Turismo de salud y belleza: aguas termales y balnearios - Turismo social - Turismo de idiomas, temático y residencial - Análisis de la demanda de turismo social y de salud

VÍDEO

Observa el siguiente vídeo sobre cómo debe planificarse la secuencia de las sesiones formativas:

https://redirectoronline.com/mf14420401

ACTIVIDAD COMPLEMENTARIA

1. A partir de la visualización del vídeo anterior, identifica los aspectos que deben valorarse antes de diseñar la secuencia de acciones a realizar en una sesión formativa.

HILO CONDUCTOR

Julia, teniendo en cuenta el horario en el que se desarrolla la impartición del curso (recordemos que era de 9:00 h a 14:00 h), determina el **guion para las sesiones formativas** de esta unidad.

El guion preparado por Julia es el siguiente:

N.º de sesión formativa	Duración de la sesión	Guion de la sesión	Horario
Sesión 1	5 horas (9:00 h - 14:00 h)	Introducción y definición de objetivos	9:00 h - 9:15 h
		Exposición de conceptos clave. Tema de la sesión: **Turismo de sol y playa.**	9:15 h - 10:30 h
		Descanso	10:30 h - 11:00 h
		Trabajo en pequeños grupos. Identificación de destinos turísticos de la CC. AA. asignada.	11:00 h - 12:45 h
		Trabajo en gran grupo. Debate de aportaciones y generación de conclusiones.	12:45 h - 13:45 h
		Resumen y breve presentación de la siguiente sesión.	13:45 h - 14:00 h

Continúa en página siguiente >>

<< Viene de página anterior

N.º de sesión formativa	Duración de la sesión	Guion de la sesión	Horario
Sesión 2	5 horas (9:00 h - 14:00 h)	Introducción y definición de objetivos	9:00 h - 9:15 h
		Exposición de conceptos clave. Tema de la sesión: **Turismo de naturaleza y turismo activo.**	9:15 h - 10:30 h
		Descanso	10:30 h - 11:00 h
		Trabajo en pequeños grupos. Identificación de destinos turísticos de la CC. AA. asignada.	11:00 h - 12:45 h
		Trabajo en gran grupo. Debate de aportaciones y generación de conclusiones.	12:45 h - 13:45 h
		Resumen y breve presentación de la siguiente sesión.	13:45 h - 14:00 h
Sesión 3	5 horas (9:00 h - 14:00 h)	Introducción y definición de objetivos	9:00 h - 9:15 h
		Exposición de conceptos clave. Tema de la sesión: **Turismo cultural y religioso.**	9:15 h - 10:30 h
		Descanso	10:30 h - 11:00 h
		Trabajo en pequeños grupos. Identificación de destinos turísticos de la CC. AA. asignada.	11:00 h - 12:45 h

Te preguntarás si esta distribución se debe a algún motivo en particular. Pues así es, Julia ha diseñado la estructura de las diferentes sesiones formativas de forma que a primera hora de la mañana, cuando el alumnado está recién llegado, se realice la exposición del contenido, dejando el trabajo grupal para después del descanso, momento en el que considera que los alumnos estarán más activos.

Aunque Julia considera que esta secuencia de desarrollo de las sesiones formativas es la adecuada, no siempre el proceso es tan sencillo. Antes de darla como definitiva, debe **valorarse la adecuación de esta estructura,** en función de la disponibilidad de las instalaciones y recursos necesarios.

En concreto, el centro de formación en el que Julia trabaja dispone de aulas convencionales y dos aulas informatizadas, cuya distribución fue diseñada específicamente para permitir la realización de trabajos de investigación y documentación grupales. El uso de estas aulas informatizadas debe solicitarse previamente, ya que no es exclusiva para su curso, sino que también otros formadores hacen uso de ellas.

Julia se dirige a hablar con el jefe de estudios para comunicarle su deseo de contar durante las cuatro primeras sesiones de esta unidad didáctica con una de las aulas informatizadas en horario de 11:00 h - 14:00 h. Para ello, le presenta el siguiente cuadrante con las instalaciones necesarias.

Cuadrante de las instalaciones educativas			
N.º de sesión formativa	**Duración de la sesión**	**Guion de la sesión**	**Horario**
Sesión 1	5 horas (9:00 h - 14:00 h)	Aula convencional	9:00 h - 10:30 h
		Descanso	10:30 h - 11:00 h
		Aula informatizada	11:00 h - 14:00 h
Sesión 2	5 horas (9:00 h - 14:00 h)	Aula convencional	9:00 h - 10:30 h
		Descanso	10:30 h - 11:00 h
		Aula informatizada	11:00 h - 14:00 h
Sesión 3	5 horas (9:00 h - 14:00 h)	Aula convencional	9:00 h - 10:30 h
		Descanso	10:30 h - 11:00 h
		Aula informatizada	11:00 h - 14:00 h
Sesión 4	5 horas (9:00 h - 14:00 h)	Aula convencional	9:00 h - 10:30 h
		Descanso	10:30 h - 11:00 h
		Aula informatizada	11:00 h - 14:00 h
Sesión 5	3 horas (9:00 h - 12:00 h)	Aula convencional	9:00 h - 10:30 h
		Descanso	10:30 h - 11:00 h
		Aula convencional	11:00 h - 12:00 h

Tras analizar la petición de Julia y el cuadrante de uso de las aulas informatizadas, el jefe de estudios le explica a Julia que ya había dos peticiones previas para el día de la sesión formativa 3, por lo que ese día no podrá hacer uso de estas instalaciones. ¿Qué hacer ahora?

Julia debe retocar, por tanto, la estructura de las sesiones formativas, **para adaptar a las circunstancias reales el diseño de las actividades o la tem-**

poralización definida. Ella cree que esta estructura es la que mejor combina la exposición y participación del alumnado, por lo que decide seguir con el guion de las sesiones y adaptar la actividad a realizar en la sesión número 3. Esa sesión tratará del *Turismo cultural y religioso*, y quiere que el alumnado siga realizando la actividad grupal de investigación y documentación sobre este tema, pero no dispone del aula informatizada.

Hay una frase popular que dice que si el plan no funciona debes cambiar el plan, pero no la meta. Así que Julia decide buscar la manera de que su alumnado pueda acceder a la información necesaria, sin usar las nuevas tecnologías. Para ello, facilitará al alumnado recursos escritos: guías de viaje, revistas especializadas en el sector, libros de arte... El alumnado podrá consultarlos y obtener la información necesaria para realizar la actividad.

Julia ha sabido adaptar el diseño de su unidad didáctica a las circunstancias que con frecuencia pueden dificultar su realización. **La revisión y el ajuste constante debe ser una premisa fundamental para conseguir el éxito en la formación.**

TAREA 13

En base a la programación didáctica que has diseñado en la anterior unidad, vamos a comenzar a elaborar la programación temporalizada de las unidades didácticas que compondrán la acción formativa. Para ello, elige un Módulo Formativo o Unidad Formativa sobre la que realizar la programación temporalizada:

a. Identifica la acción formativa a la que hace referencia la programación temporalizada, reseñando entre otros datos: denominación, código, número y nombre del Módulo Formativo o Unidad Formativa, duración y periodo que abarca la planificación.
b. Identifica las unidades didácticas del Módulo Formativo o Unidad Formativa elegida, secuenciándolas correctamente, y estableciendo su duración.

TAREA 14

Continuamos con la elaboración de nuestra programación didáctica. En la anterior tarea identificamos el módulo formativo o unidad formativa elegida y se

Continúa en página siguiente >>

<< Viene de página anterior

diseñó la estructura de unidades didácticas, secuenciándolas y estableciendo su duración. Considerando que la modalidad de impartición es presencial, ahora:

a. Distribuye, esquemáticamente, los contenidos y actividades programados en función de la duración y horario elegido para el desarrollo de la acción formativa.
b. Confecciona el calendario de ejecución y la secuencia de realización de la sesión formativa, atendiendo al horario establecido, disponibilidad de recursos e instalaciones necesarias.
c. Identifica las circunstancias que pueden dificultar el cumplimiento de este calendario y horario de acciones de las sesiones formativas, y busca soluciones alternativas a adoptar en caso de que se sucedan esas circunstancias.

9. Elaboración de la guía para las acciones formativas, para la modalidad de impartición formación en línea (virtual)

Como se comentó anteriormente, el **Real Decreto 659/2023** contempla que la formación profesional, incluyendo los certificados profesionales, puede impartirse en modalidad presencial, semipresencial o virtual.

Por **formación virtual,** se entiende aquella modalidad de formación que se desarrolla a través de las **nuevas Tecnologías de la Información y la Comunicación,** posibilitando la interactividad de alumnos, tutores-formadores y recursos situados en distinto lugar.

La formación virtual permite acceder a la formación a través de diversos dispositivos y en cualquier lugar.

Los módulos formativos que constituyen la formación de los certificados profesionales podrán ofertarse mediante teleformación, siempre que se garantice que el alumnado pueda conseguir los resultados de aprendizaje.

NOTA

La formación virtual, Teleformación, formación en línea, formación *online* y *e-learning* son diferentes términos con los que se denomina a las acciones formativas que se realizan a través de las nuevas tecnologías.

El desarrollo de las acciones formativas en modalidad virtual implica el uso de **entornos virtuales de aprendizaje.** Las **plataformas telemáticas o virtuales** se pueden definir como aquellos programas informáticos que integran herramientas para la distribución de contenidos; comunicación, tanto asíncrona como síncrona, entre los diferentes participantes; y gestión y seguimiento del aprendizaje.

Los entornos virtuales de aprendizaje integran multitud de herramientas y recursos que favorecen el aprendizaje autónomo y guiado

NOTA

Los términos "entorno virtual de aprendizaje", "plataforma virtual", "plataforma tecnológica para el aprendizaje", "ambiente de aprendizaje gestionado"... comparten un significado similar, haciendo referencia a programas o sistemas informáticos *(software)* que permiten el **desarrollo de acciones formativas en esta modalidad.**

Las **herramientas** con las que deberá contar una plataforma virtual para el desarrollo de las acciones formativas son las siguientes:

- **Herramientas de contenido:** distribuyen los contenidos, integrando una gran variedad de recursos.
- **Herramientas de comunicación:** permiten la comunicación entre los diferentes participantes (docente y alumnado). Facilitan la comunicación síncrona o asíncrona, de uno a uno o de uno a muchos.
- **Herramientas de evaluación:** permiten la evaluación de la adquisición de las competencias profesionales del alumnado. El alumnado puede autoevaluarse y controlar su propio aprendizaje.
- **Herramientas de gestión:** permite la realización de determinadas tareas según los permisos asociados al perfil del usuario (alumno, tutor o administrador).
- **Herramientas auxiliares:** herramientas que ayudan a los alumnos a personalizar su espacio, a conocer su progreso, sus calificaciones, las noticias o el calendario.

9.1. Elementos de la guía del alumno en modalidad virtual

La guía del alumno es el **documento que reúne la información más relevante de la acción formativa** y de los aspectos más significativos del proceso formativo **para el alumno participante.** Debe contener, por tanto, sus características, condiciones, metas y recursos. Aunque este recurso puede usarse en cualquier modalidad, cobra una **especial relevancia en el caso de la formación virtual,** contribuyendo al correcto desenvolvimiento del alumno en la acción formativa.

La información que se debe incluir en la guía del alumno para acciones formativas en modalidad en línea se encuentra detallada en la **Orden**

ESS/1897/2013, de 10 de octubre, por la que se desarrolla el Real Decreto 34/2008, de 18 de enero, por el que se regulan los certificados de profesionalidad. Según dicha Orden, los **elementos que deben incluirse** son los siguientes:

- **Identificación del certificado de profesionalidad:**
  - Denominación.
  - Nivel.
  - Familia profesional.
  - Cualificación profesional de referencia.
  - Información sobre el entorno profesional.

- **Perfil del alumnado:** indicación de los requisitos formativos y profesionales (criterios de acceso).
- **Requisitos técnicos:** indicación del *hardware* y *software* necesarios para realizar la acción formativa en modalidad virtual.
- **Objetivos generales de la acción formativa:** expresados de forma clara y comprensible, resumiendo la competencia general a lograr al finalizar la acción formativa.
- **Organización general de la acción formativa:** concretando su estructura (relación de módulos formativos y/o unidades formativas), calendario de impartición, con fechas de inicio y finalización.
- **Funcionamiento de la acción formativa:** botones, navegación, herramientas, recursos y utilidades.
- **Sistema tutorial:** identificación del equipo de tutores de cada módulo formativo, tipo de tutorías que se desarrollarán (virtuales y/o presenciales con su calendario de realización) y procedimiento de contacto.
- **Plan de trabajo:** descripción ordenada y secuenciada temporalmente de las actividades, precisando tanto las actividades propuestas como las pruebas de evaluación, con orientaciones para su desarrollo y estimación de la dedicación (promedio de horas diaria/semanal).

- **Sistema de evaluación del aprendizaje:**
  - Sistema de evaluación durante el desarrollo de la acción formativa, con indicación de su finalidad, procedimientos que se emplearán, frecuencia e instrumentos de evaluación (trabajos, actividades, pruebas evaluables) y plazos de presentación.
  - Sistema de evaluación final, precisando objetivos, trabajos evaluables (individuales o grupales) y pruebas finales por módulo (presenciales), con calendario, lugar de realización y sistema de puntuación.

- **Efectos de la evaluación positiva:**
  - Obtención del certificado de profesionalidad o acreditaciones parciales acumulables.
  - Procedimientos, forma, lugares y plazos de solicitud y trámites.
- **Servicio de atención al usuario:** formas de contacto, calendario y horario de atención para hacer consultas y resolver incidencias o problemas técnicos vinculados a la utilización del *software* y *hardware* (FAQ, tutoría técnica...).

Identificación del certificado profesional y perfil del alumnado

HILO CONDUCTOR

Imaginemos que la acción formativa que va a impartir Julia del certificado profesional HOTG0108. Creación y gestión de viajes combinados y eventos, en lugar de desarrollarse en modalidad presencial, se impartiera en modalidad virtual. Julia tendría que elaborar la Guía del alumno.

Vamos a ver cómo cumplimentaría los primeros apartados:

Guía del alumno (primera parte)

https://redirectoronline.com/mf14420402

Con la finalidad de asegurar que el alumnado participante tenga adquiridas las competencias necesarias para el correcto aprovechamiento del proceso formativo, el **Real Decreto 659/2003** establece, en función del nivel de la cualificación profesional de referencia, los criterios de acceso del alumnado para la formación de un determinado certificado profesional. Además, en caso de desarrollarse en modalidad **virtual** deberá comprobarse que el alumno tiene adquiridas las **competencias digitales necesarias** para seguir con aprovechamiento la formación a través del entorno virtual de aprendizaje. Por este motivo, en la guía debe detallarse el **perfil del alumnado,** con especial atención a los **requisitos de acceso** a la acción formativa.

El alumno aprenderá a utilizar la plataforma virtual protegiendo sus datos, tareas...

HILO CONDUCTOR

Teniendo en cuenta lo expuesto, Julia debe determinar el perfil de su alumnado. Consulta el certificado profesional al que se refiere su acción formativa y comprueba que no existen requisitos de acceso mínimos adicionales de los establecidos en la normativa general que regula la formación relacionada con certificados profesionales.

Por lo tanto, el **perfil de su alumnado** quedará fijado como sigue:

PERFIL DEL ALUMNADO

Para acceder a la acción formativa los alumnos deberán cumplir alguno de los siguientes requisitos:

a. Estar en posesión del título de Bachiller.
b. Estar en posesión de un certificado profesional de nivel 3.
c. Estar en posesión de un certificado profesional de nivel 2 de la familia profesional Hostelería y Turismo, y área profesional Turismo.
d. Cumplir el requisito académico de acceso a los ciclos formativos de grado superior para el nivel 3, o bien haber superado las correspondientes pruebas de accedo reguladas por las administraciones educativas.
e. Tener superada la prueba de acceso a la universidad para mayores de 25 años y/o de 45 años.
f. Tener las competencias clave necesarias, establecidas en el R. D. 34/2008.

Además, al ser en modalidad virtual, el alumnado deberá demostrar poseer las competencias digitales necesarias para seguir con aprovechamiento la formación a través del entorno virtual de aprendizaje.

Requisitos técnicos

HILO CONDUCTOR

Julia, tras consultar al Dpto. Técnico del centro de formación, determina los requisitos técnicos necesarios para su acción formativa.

A continuación, deben detallarse los **requisitos técnicos** *(hardware* y *software)* para el desarrollo de la acción formativa en modalidad virtual: tipo de ordenador, periféricos asociados si los requiriese, navegadores, conexión y programas informáticos necesarios.

Estos **requisitos** vendrán determinados por las características del entorno virtual de aprendizaje y tipo de material interactivo que contendrá:

Requisitos técnicos necesarios

La plataforma utilizada se presenta al usuario como una página web compuesta de código HTML y Javascript, sin elementos que requieran de *software* adicional. Por tanto, para utilizar la plataforma solo son necesarios los elementos más básicos que posibilitan el acceso a internet.

Los contenidos interactivos han sido desarrollados con HTML5 y Javascript, por lo que los requisitos son los mismos que para la plataforma, aunque es necesario que el *software* utilizado sea lo más actual posible para asegurar la compatibilidad del navegador web con HTML5.

Para el acceso a la plataforma y la utilización de los contenidos didácticos se precisa:

- Ordenador equipado con sistema operativo Windows XP o posterior, Mac OS X 10.6 o posterior, o sistemas Linux o similares con antigüedad no mayor de 5 años. Se recomienda que el sistema siempre tenga instaladas todas las actualizaciones disponibles que provea el fabricante.
- Navegador web *Edge*, o navegadores *Mozilla Firefox, Opera o Safari,* en versiones no anteriores a los últimos 2 años. Se recomienda que el navegador siempre tenga instaladas todas las actualizaciones disponibles que provea el fabricante.
- Para el acceso a determinados contenidos puede ser necesario cualquier tipo de visor de documentos PDF (*Adobe Reader,* o el visor de documentos PDF incorporado al sistema, si fuese el caso).
- Para el acceso a la plataforma, sus actividades y herramientas de comunicación, también pueden utilizarse dispositivos móviles y de entretenimiento *(smartphones,* tabletas, *smart* TV...).

Objetivos generales de la acción formativa

El alumno debe tener claro qué va a aprender en la acción formativa, qué competencias va a adquirir, por lo que el siguiente apartado a incluir en la guía del alumno debe contener los **objetivos de la acción formativa,** los cuales tendrán como referencia la competencia general a lograr al finalizar la acción formativa.

Los objetivos de la acción formativa nos anticipan los contenidos a tratar.

Julia define los objetivos de su acción formativa como sigue:

Objetivo general de la acción formativa: crear y operar viajes combinados, productos similares y eventos, utilizando, en caso necesario, la lengua inglesa, y gestionar el departamento o unidad correspondiente de la agencia de viajes o entidad equivalente.

Objetivos específicos de la acción formativa:

- Elaborar y operar viajes combinados, excursiones y traslados.
- Gestionar eventos.
- Gestionar unidades de información y distribución turísticas.
- Comunicarse en inglés, con un nivel de usuario independiente, en las actividades turísticas.

Organización general de la acción formativa

El siguiente apartado de la guía del alumno determina la **organización general de la acción formativa,** concretando su estructura (relación de módulos y/o unidades formativas) y calendario de impartición, con fechas de inicio y fin.

Pero, si la modalidad virtual elimina las barreras temporales y aporta como una de sus ventajas la posibilidad de adaptar el ritmo de trabajo al alumno, ¿no puede parecer incoherente fijar un calendario de impartición? Aunque la modalidad virtual permite al alumno elegir cuándo estudiar, se debe establecer un periodo de estudio recomendado.

HILO CONDUCTOR

Por ello, Julia facilita un calendario para que sirva de guía y referente al alumno sobre su evolución en el curso.

Julia establece como periodo de estudio recomendado 3 horas diarias. En base a esta distribución se hará el cálculo de las sesiones formativas.

La estructura de su curso, a incluir en la guía del alumno, queda como sigue. Para hacer más claro el procedimiento a seguir, a continuación se detallan días lectivos. Esta distribución deberá ajustarse al calendario real durante el que se vaya a desarrollar la acción formativa, teniendo en cuenta posibles días festivos o no lectivos.

Sesiones formativas

https://redirectoronline.com/mf14420403

Funcionamiento de la acción formativa

Como hemos comentado anteriormente, la formación en línea se caracteriza por presentar un entorno virtual como espacio de aprendizaje. Pero para que el alumno pueda beneficiarse al máximo de las ventajas y posibilidades que ofrece este espacio interactivo, debemos asegurarnos de que sabe moverse con destreza en él. Esta necesidad da lugar al siguiente apartado de la guía del alumno, que se ocupa de exponer el **funcionamiento de la acción formativa** con la finalidad de ofrecer al alumnado la información necesaria para manejar con soltura el entorno virtual en el que se desarrollará la acción formativa.

Esta información será **específica de la plataforma virtual** en la que se desarrolle el curso, incluyendo con detalle las herramientas de las que dispone el alumnado, formas de uso, botones, navegación, recursos y utilidades de estos. Existen multitud de plataformas (de código abierto y comerciales), y aunque en ocasiones pueden compartir aspectos comunes, también tienen particularidades que las definen frente a otras.

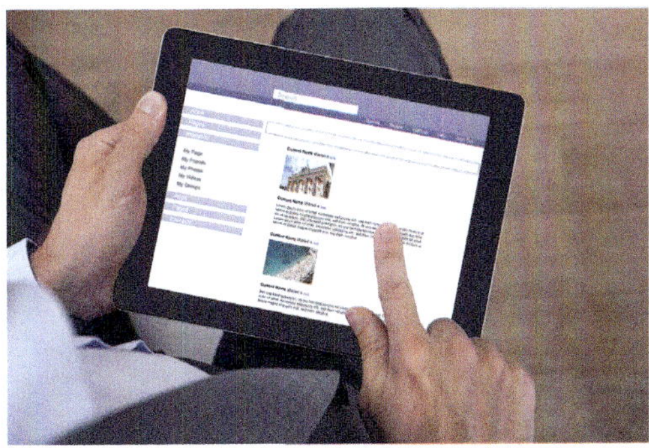

Los alumnos, en la plataforma, podrán acceder a recursos de diferentes tipologías, comunicarse e intercambiar información tanto con el tutor como con los compañeros.

En definitiva, consiste en ofrecer al alumnado una **guía del campus** donde se desarrolla la acción formativa, por lo que variará su forma y contenido en función de este.

Sistema tutorial

A continuación, en la guía del alumno deberá detallarse el **sistema tutorial** que se empleará en la acción formativa, con identificación del equipo de tutores de cada módulo formativo, tipo de tutorías que se desarrollarán (virtuales y, en su caso, presenciales) y procedimientos de contacto. En caso de haber tutorías presenciales, deberá detallarse la organización y calendario de realización.

EJEMPLO

Observa cómo Julia detalla esta información en su guía del alumno:

A continuación Julia detalla los **tipos de tutorías** que se darán en la acción formativa.

Tipos de tutorías

Durante el desarrollo de la acción formativa, el **equipo docente** realizará un constante y cercano seguimiento del proceso de enseñanza-aprendizaje, combinando un **estilo reactivo,** para la resolución de dudas y otras demandas del alumno, con uno **proactivo,** para el estímulo de la motivación del alumnado y el refuerzo del aprendizaje.

La metodología de aprendizaje en teleformación cede el papel protagonista al alumno, que cuenta con la valiosa colaboración del **tutor como orientador, guía y facilitador** del proceso de enseñanza-aprendizaje.

El completo sistema tutorial diseñado para la impartición de esta acción formativa está basado en **tutorías virtuales y presenciales,** que se desarrollarán a lo largo de la misma. Las tutorías virtuales incluirán acciones orientadoras y de apoyo a los procesos de aprendizaje, ofreciendo respuesta a las consultas realizadas y problemas que puedan surgir en un **plazo máximo de 48 horas laborables.**

Estas tutorías serán tanto individuales como colectivas, y se realizarán de **forma síncrona o asíncrona,** a través de las herramientas de comunicación disponibles en nuestro campus virtual (mensajería interna, foros de debate-discusión y chat).

Organización y calendario de las tutorías presenciales

Las tutorías presenciales, incluidas en la presente acción formativa, se han diseñado para la realización de actividades de aprendizaje vinculadas con las capacidades y criterios de evaluación establecidos en el **Anexo I de la Orden ESS/1897/2013,** para el certificado profesional objeto de la presente acción formativa, se detalla en el siguiente diseño.

https://redirectoronline.com/mf14420405

Plan de trabajo y las orientaciones para su desarrollo

En el siguiente apartado de la guía del alumno se expone el **plan de trabajo y las orientaciones para su desarrollo,** que incluirá la siguiente información:

- Descripción ordenada y secuenciada de las actividades a realizar a lo largo de la acción formativa:
  - Actividades de evaluación.
  - Actividades de aprendizaje.
- Estimación de la dedicación necesaria por parte del alumno, con indicación del promedio de horas de dedicación diaria/semanal.
- Orientación sobre cómo organizar el trabajo para un mejor aprovechamiento del esfuerzo.

Julia, redacta como sigue el apartado del plan de trabajo y orientaciones para el desarrollo de la guía del alumno.

Plan de trabajo

Para un mejor aprovechamiento del esfuerzo, se recomienda al alumno comenzar con la visualización y lectura de los contenidos interactivos de cada unidad didáctica. La exposición de tales contenidos se combina con actividades interactivas, cuya presentación atractiva e intuitiva, sirve como **refuerzo motivador para el estudio.** Estos contenidos se complementan y amplían con variados documentos y recursos adicionales, permitiendo adaptarse a los diferentes niveles e intereses del alumnado. El **alumno** puede, por tanto, **diseñar su propio itinerario,** deteniéndose en aquellos temas en los que más le interese profundizar.

El material interactivo se acompaña del contenido en **formato .pdf,** que permite su impresión y almacenamiento, facilitando su estudio *offline.*

Para el correcto aprovechamiento de la acción formativa, el alumno deberá realizar y participar en las diferentes actividades diseñadas y secuenciadas con el fin de facilitar la adquisición de los objetivos de aprendizaje propuestos. Dichas **actividades se realizarán en modalidad teleformación,** a través de la plataforma virtual, pudiendo destacarse las siguientes:

- **Actividades de aprendizaje:** actividades diseñadas para facilitar el aprendizaje a través de la interacción con el contenido. Se requiere la acción del alumno sobre el ejercicio planteado para poder visualizar el contenido. Se combina gamificación con ejercicios de corrección automática en la plataforma virtual, ofreciendo retroalimentación sobre el resultado obtenido. En caso de que el ejercicio no se haya realizado correctamente, se ofrece información sobre los fallos cometidos y recomendaciones para su estudio.
- **Actividades colaborativas:** actividades de profundización y debate planteadas al alumnado, y que se realizarán con apoyo de alguna de las herramientas colaborativas de las que dispone la plataforma (chat, foro, blog...).
- **Actividades de evaluación:** son ejercicios insertados en el contenido multimedia, con el objetivo de evaluar la adquisición de los criterios de evaluación contemplados en la capacidad de referencia. Permiten una corrección automática, cuyo resultado es valorable para el cálculo de la calificación final. Ofrecen *feedback* sobre la puntuación obtenida y los fallos cometidos.
- Tareas de evaluación: son tareas indicadas en el contenido de la unidad de aprendizaje, que deben ser enviadas al tutor para su

Continúa en página siguiente >>

<< *Viene de página anterior*

corrección, quien asigna una calificación y valoración, en función de los criterios de evaluación previamente definidos. Para ello, el alumnado deberá realizarlas a través de la plataforma virtual.

El alumno debe seguir de forma secuencial el material interactivo y participar activamente en las diferentes actividades y tareas que se propongan, incluyendo las tutorías presenciales establecidas.

Una vez se hayan realizado todas las unidades didácticas de cada Módulo Formativo o Unidad Formativa, el alumno deberá superar la **Prueba de Evaluación Presencial (PEP) final.** Dicha prueba constará de dos partes: una parte tipo test y una prueba práctica, con el fin de medir las competencias cognitivas, procedimentales y actitudinales.

El **tiempo de dedicación** necesario por parte del alumno para el desarrollo de la presente acción formativa se estima en 670 horas, de las cuales 160 horas corresponden al módulo de prácticas profesionales no laborales. De estas 510 horas restantes, 16 horas se reservarán para la realización de las pruebas presenciales de evaluación final de cada módulo o unidad formativa; y 494 horas se emplearán para el estudio de las materias. El alumno dedicará 272 horas al trabajo autónomo (aprendizaje a través de la lectura, visualización y audición de contenidos, realización de actividades y trabajos evaluables y no evaluables), correspondiendo con el 55 % del total del tiempo de estudio; y 222 horas a la participación en foros, chats, interacción con tutores-formadores, consulta de glosarios, documentación complementaria, enlaces web..., que corresponden al 45 % del tiempo de estudio.

Se estima que, para que el alumno realice de forma adecuada la acción formativa en el periodo establecido, el alumno dedicará un promedio de 3 horas diarias o 15 semanales al estudio de los contenidos y realización de las actividades diseñadas en los módulos o unidades formativas, a excepción del módulo de prácticas profesionales no laborales, cuya forma de realización será acordada entre el centro impartidor y la entidad en la que se realicen dichas prácticas.

Sistema de evaluación del aprendizaje

Tras esto, llega el momento de informar al alumno del **sistema de evaluación del aprendizaje** que se realizará en la acción formativa. Para ello, se debe hacer referencia a **dos vertientes complementarias,** indicando para ellas los siguientes elementos:

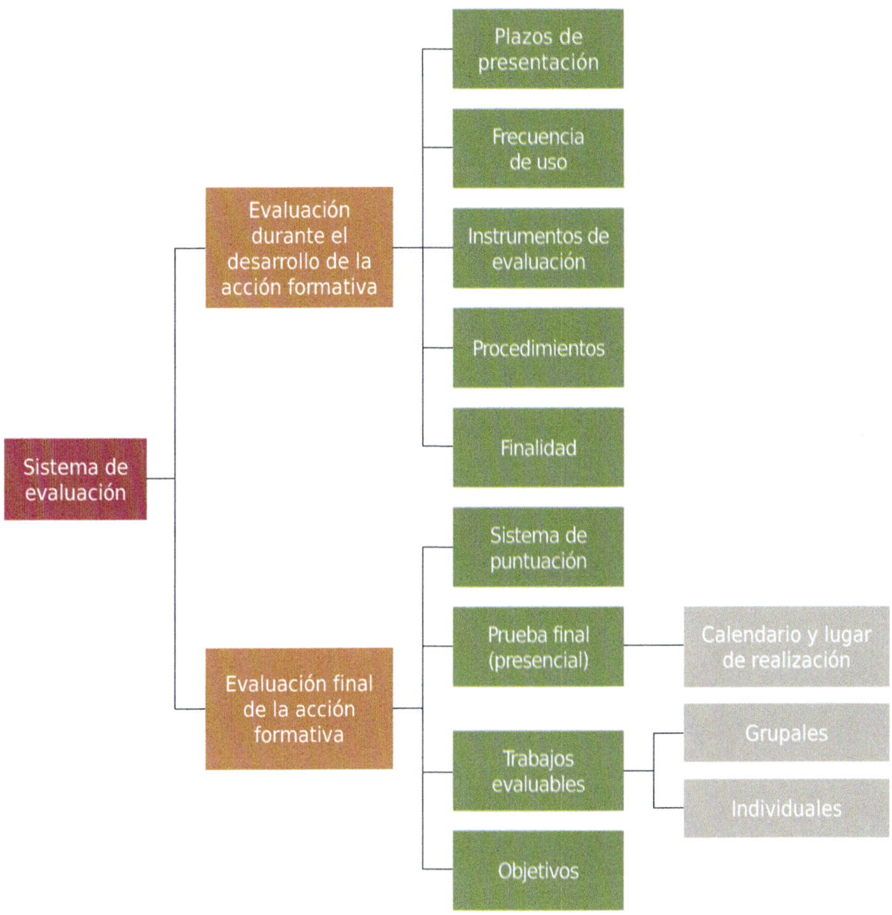

HILO CONDUCTOR

Julia, en el diseño de su programación didáctica, ya ha diseñado el sistema de evaluación que se seguirá en la acción formativa. Ahora deberá exponerlo de forma clara al alumnado, ofreciendo toda la información que este debe conocer sobre la forma en la que se evaluará su rendimiento en el proceso de aprendizaje.

Observa el sistema de evaluación redactado por Julia:

Sistema de evaluación

La evaluación de la acción formativa se realizará combinando distintos métodos e instrumentos de evaluación cuantitativa y cualitativa. Se realizará una evaluación continua durante el desarrollo de la acción formativa, a la que se sumará una prueba final, de carácter teórico-práctico, referida al conjunto de las capacidades objetivo de aprendizaje.

a. **Sistema de evaluación durante el desarrollo de la acción formativa.** La evaluación del proceso de enseñanza-aprendizaje será continua durante toda la acción formativa, teniéndose en consideración:
   - Los resultados obtenidos en la valoración de las **actividades y trabajos realizados en la plataforma virtual, de forma individual y/o colaborativa.** Todas las actividades y tareas a realizar se han diseñado cuidadosamente para facilitar la adquisición de los objetivos específicos establecidos para cada unidad de aprendizaje, siendo variadas sus formas: tareas de documentación e investigación, análisis de casos prácticos, diseño de instrumentos y herramientas específicos en formación... Todas las actividades y trabajos deben realizarse **antes de la primera convocatoria de la evaluación presencial,** siendo recomendable establecer un ritmo de trabajo constante, que permita ir realizando dichas tareas cómodamente.
   - El **grado de participación y la calidad de las aportaciones** del alumno a través de las herramientas de comunicación utilizadas (foros, chats...). Se persigue con su realización la construcción de un aprendizaje significativo y colaborativo entre el grupo clase, basado en la reflexión y el intercambio de opiniones e información. Los foros se irán abriendo, según se vaya avanzando en el desarrollo del curso, y podrán contener hilos o temas de debate propuestos por el tutor o por los alumnos. Para facilitar la participación en los chats, **se convocarán las sesiones con el suficiente tiempo de antelación,** intentando adecuar el momento de realización a las necesidades del grupo. Se valorará tanto la frecuencia de las intervenciones, como la calidad de las aportaciones y su relevancia respecto a la construcción del conocimiento grupal. La puntuación obtenida en la evaluación durante el desarrollo de la acción formativa supondrá un 30 % de la calificación final.

Continúa en página siguiente >>

<< Viene de página anterior

b. Sistema de evaluación final. Para poder presentarse a las pruebas de evaluación final, el alumno deberá haber realizado todas las actividades de aprendizaje establecidas en la acción formativa. Cada Módulo Formativo tendrá su propia prueba de evaluación final, compuesta de **dos partes:**

- Prueba **tipo test** de ítems de selección múltiple de 4 alternativas, donde solo una es la correcta. La fórmula de corrección será **[aciertos-(errores/3)].** El número de ítems de dicha prueba en cada Módulo Formativo dependerá de la mayor o menor carga lectiva representada respecto al total.
  La puntuación obtenida en esta parte de la prueba de evaluación supondrá un 30 % de la calificación total obtenida en la prueba (la puntuación máxima, por tanto, que se obtendrá en esta parte serán 3 puntos).
- **Prueba práctica.** Se facilitará al alumnado una prueba práctica, donde el alumno deberá demostrar tener adquiridas las capacidades establecidas como objetivos de cada Módulo Formativo.
  La puntuación obtenida en esta parte de la prueba de evaluación supondrá un **70 %** de la calificación total obtenida en la prueba (la puntuación máxima, por tanto, que se obtendrá en esta parte serán 7 puntos).
  Los resultados obtenidos en la evaluación se expresarán mediante puntuaciones con un rango de 0-10, sumando las puntuaciones de la parte de la prueba de tipo test y la prueba práctica.
  A los alumnos que no hayan superado la prueba de evaluación final del módulo en primera convocatoria o que no hubieran podido realizarla por causa justificada, se les ofrecerá una **segunda convocatoria,** antes de concluir la acción formativa, en la que se le aplicará otra prueba paralela a la anterior.
  La prueba presencial de cada módulo formativo se realizará al finalizar el periodo formativo de cada uno, estableciéndose el calendario, para la realización de dichas pruebas en primera y segunda convocatoria.
  El **lugar de celebración de las pruebas de evaluación presencial** será confirmado por el centro de formación con la suficiente antelación.

Para aprobar satisfactoriamente la acción formativa, el alumno debe **aprobar todos los módulos formativos** que la componen. Cuando el módulo formativo se estructure en unidades formativas, el examen

Continúa en página siguiente >>

<< Viene de página anterior

presencial será único, permitiendo identificar claramente la parte correspondiente a cada unidad formativa.

Los resultados obtenidos en la evaluación se expresarán mediante puntuaciones con un rango de 0-10. Para **superar un módulo será necesario obtener una puntuación mínima de 5 en la prueba de evaluación presencial** del mismo. En caso de estructurarse en unidades formativas, el alumno deberá obtener una puntuación mínima de 5 en cada una de ellas.

Una vez se ha superado la prueba de evaluación presencial de un módulo formativo, para calcular la **puntuación final** obtenida en el mismo, se tendrá en cuenta la puntuación media obtenida en la evaluación desarrollada durante el proceso de aprendizaje, ponderada con un peso del **30 %,** y la puntuación obtenida en la **prueba de evaluación final del módulo,** ponderada con un peso del **70 %.**

La calificación total obtenida se determinará en términos de "apto" o "no apto", con las siguientes **valoraciones:**

- **"No apto":** si la puntuación final del módulo es inferior a 5 puntos.
- **"Apto"** (Suficiente): si la puntuación final del módulo es de 5 a 6,9 puntos.
- **"Apto"** (Notable): si la puntuación final es de 7 a 8,9 puntos.
- **"Apto"** (Sobresaliente): si la puntuación final es de 9 a 10 puntos.

En base a la Ley Orgánica 3/2022, de 31 de marzo, de ordenación e integración de la Formación Profesional. La superación de la formación de grado C o la disposición de los certificados de Competencias de Grado B que incluyan todos los módulos profesionales recogidos en dicha formación, darán el acceso a la obtención de una titulación de Certificado Profesional, en la que se detallarán todos los módulos profesionales superados y los estándares de competencia correspondientes del Catálogo Nacional de Estándares de Competencias Profesionales.

 HILO CONDUCTOR

Recordemos que el curso de Julia se encuadraba en el Subsistema de Formación de oferta. Para realizar esta guía, se ha considerado que se desarrollará en modalidad virtual, por lo que será el SEPE quien supervise la correcta realización de la acción formativa.

Julia define el procedimiento a seguir en caso de evaluación positiva del alumnado:

Una vez superada la acción formativa con evaluación positiva, la **administración laboral expedirá de oficio una certificación** del alcance de la formación superada por cada alumno. Esta certificación permitirá al alumno **solicitar** a la Administración competente la expedición del **Certificado Profesional vinculado.**
En caso de que el alumno solo hubiera superado uno o varios de los módulos formativos que componen la acción formativa completa, el alumno recibirá la **certificación de esos módulos formativos,** pudiendo **solicitar la acreditación oficial de la/s unidad/es de competencia adquirida/s.** Esta acreditación parcial es acumulable, por lo que podrán reunirse y, junto a la superación del módulo de prácticas profesionales no laborales, dar lugar también a la obtención del certificado profesional relacionado.

Servicio de atención al usuario

HILO CONDUCTOR

Julia aquí tendrá que detallar el sistema de atención al alumno que tenga dispuesto el centro de formación que organiza la acción formativa.

Por último, la guía del alumno incluirá la referencia al **Servicio de Atención al Usuario,** diseñado como espacio para que el alumno pueda consultar y resolver incidencias o problemas técnicos vinculados a la utilización del *software* o *hardware*, con información sobre las formas de contacto con el mismo, calendario y horario de atención.

Tras consultar con el jefe de estudios, Julia lo detalla como sigue:

Para cualquier duda sobre el seguimiento del curso (incidencia en el acceso, problemas con el uso de alguna herramienta, consulta de calificaciones), puedes ponerte en contacto con nuestro Servicio de Atención al Usuario, a través de cualquiera de las siguientes formas:

Correo electrónico	serviciotecnico@dominio.es
Teléfono	900000000

El compromiso de respuesta máximo es de 48 horas laborables.

TAREA 15

Para realizar esta tarea consideraremos que la acción formativa, sobre la que has elaborado la programación temporalizada, se va a desarrollar en modalidad virtual.

Elabora la guía del alumno que presentará a tu alumnado la información relevante para el correcto aprovechamiento de la acción formativa. Recuerda realizarla en base a lo establecido en la Orden ESS/1897/2013.

7. Resumen

Como se ha expuesto en la unidad de aprendizaje, los contenidos establecidos para la acción formativa deben estructurarse en unidades más pequeñas, con significación, que permitan secuenciarlas y temporalizarlas en sesiones formativas.

La **unidad didáctica,** unidad de aprendizaje o unidad de programación **representa la unidad de trabajo** relativa a un proceso de enseñanza-aprendizaje, articulado y completo, **precisándose en ella objetivos, contenidos, actividades, temporalización, recursos y modelo de evaluación.**

Para la elaboración de las unidades didácticas de acciones formativas vinculadas a certificados profesionales deben seguirse los siguientes **pasos:**

- **Analizar.** Analizar los objetivos específicos y criterios de evaluación de contenidos.
- **Comprobar.** Comprobar que se recogen todos los contenidos que se especifican para cada módulo formativo o unidad formativa.
- **Contrastar.** Contrastar la realización del módulo formativo o unidad formativa con las realizaciones profesionales y criterios de ejecución de las unidades de competencia.
- **Agrupar.** Agrupar el listado de contenidos en unidades didácticas.
- **Definir.** Definir el nombre de las unidades didácticas en términos operativos.
- **Secuenciar.** Secuenciar las unidades didácticas por orden de impartición.

Las sesiones formativas deben estructurarse para facilitar la adquisición de los objetivos de aprendizaje, a través de acciones que combinen el estudio de los contenidos con la actividad del alumno, como protagonista del proceso de aprendizaje.

Desarrollar la temporalización y el calendario de impartición de las diferentes unidades de aprendizaje requiere un análisis de la carga lectiva y relevancia de estas respecto al total de la acción formativa.

Los **pasos** que deben seguirse para el desarrollo de la **programación temporalizada** son los siguientes:

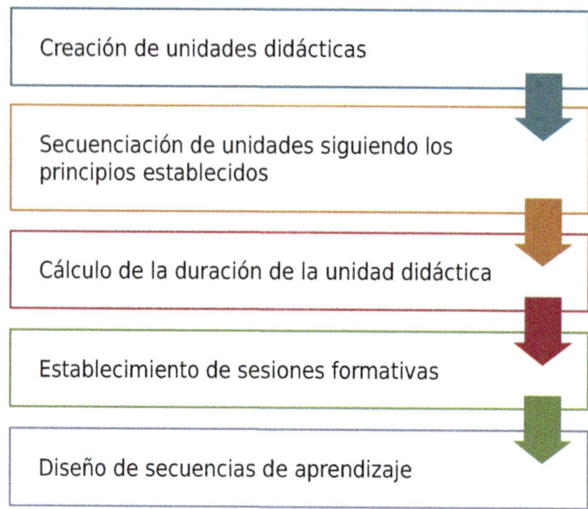

Las sesiones formativas podrán ser desarrolladas en modalidad virtual, semipresencial o presencial.

La **guía del alumno,** pese a ser un recurso útil para cualquier modalidad de impartición, cobra **especial relevancia en la modalidad virtual,** ya que facilita al alumno su correcta evolución en la acción formativa.

La guía del alumno en modalidad virtual deberá tener una estructura que comprenda los siguientes elementos:

- Denominación de la acción formativa
- Identificación del certificado profesional
- Perfil del alumnado
- Requisitos técnicos

- Objetivos generales de la acción formativa
- Organización general de la acción formativa
- Funcionamiento de la acción formativa
- Sistema tutorial
- Sistema de evaluación del aprendizaje
- Efectos de la evaluación positiva
- Servicio de atención al usuario

Ejercicios de autoevaluación Unidad de Aprendizaje 4

1. Enumera las características de las unidades didácticas.

----

2. Dentro del apartado "Descripción" de la unidad didáctica se incluyen los subapartados de...

a. ... breve descripción y justificación.
b. ... breve descripción y objetivos.
c. ... metodología y justificación.
d. ... breve descripción y metodología.

3. Señala si las siguientes afirmaciones son verdaderas o falsas.

a. La temporalización de las unidades didácticas deberá incluir la organización del tiempo.

- Verdadero
- Falso

b. En las unidades didácticas se podrá incluir bibliografía pero no anexos.

- Verdadero
- Falso

4. ¿Cuáles son los pasos que deben seguirse en la elaboración de unidades didácticas de acciones formativas vinculadas a certificados profesionales?

a. Comprobar, contrastar y agrupar.
b. Contrastar, comprobar, analizar y definir.
c. Analizar, comprobar, contrastar, agrupar y definir.
d. Definir, comprobar, evaluar, fijar, analizar y retroalimentación.

5. ¿Qué son las actividades?

----

6. Las herramientas de comunicación virtual pueden ser sincrónicas o...

a. ... asincrónicas.
b. ... asíncronas.
c. ... a distancia.
d. ... por correo electrónico.

7. ¿Cómo se denominan a las herramientas que distribuyen los contenidos integrando una gran variedad de recursos?

a. Herramientas de evaluación.
b. Herramientas de contenidos.
c. Herramientas de gestión.
d. Herramientas auxiliares.

8. En cuanto a los requisitos de acceso a la formación vinculada a los certificados profesionales, ¿para qué nivel solo es necesario poseer las competencias digitales, en caso de desarrollarse en modalidad virtual?

a. Nivel 1.
b. Nivel 2.
c. Nivel 3.

9. ¿Qué es una guía didáctica para acciones formativas virtuales?

----

10. ¿Cuál de los siguientes elementos NO se incluye en la guía del alumno en modalidad en línea?

a. Identificación del certificado profesional.
b. Perfil del docente.
c. Sistema tutorial.
d. Plan de trabajo.

Glosario

Acción formativa
Acción dirigida a la adquisición y mejora de las competencias y cualificaciones profesionales, pudiéndose estructurar en varios módulos formativos con objetivos, contenidos y duración propios.

Acreditación
Es la demostración formal de la competencia técnica para ejecutar tareas específicas.

Acta
Documento que refleja varios puntos de una reunión, tanto los puntos que se han tratado como los acuerdos adoptados.

Actividades
Prácticas o ejercicios diseñados y planificados cuya finalidad es que el alumnado logre los objetivos de aprendizaje propuestos. Deben estar relacionados con los contenidos y ser coherentes con la metodología elegida.

Actividades didácticas
Abarcan tanto las actuaciones de los docentes o formadores y del alumnado, como las interacciones derivadas de estas actuaciones.

Aprendizajes significativos
El alumnado relaciona la información nueva con aquella que ya posee, reajustando y reconstruyendo dicha información y siendo capaz de aplicar los conocimientos a nuevos contextos.

Catálogo Nacional de Estándares de Competencias Profesionales
Instrumento que organiza los estándares de habilidades profesionales detectadas en el entorno laboral, considerando las competencias necesarias y el nivel de calidad exigido para la práctica profesional, que pueden ser reconocidas y certificadas.

Certificado profesional

Instrumento de acreditación, en el ámbito de la Administración laboral, de las cualificaciones profesionales del Catálogo Nacional de Cualificaciones Profesionales.

Competencia

Conocimientos, habilidades y experiencia, aplicados y denominados en una situación de trabajo dada.

Competencia clave

Aquellas competencias que toda persona precisa para su realización y desarrollo personales, así como la ciudadanía activa, la inclusión social y el empleo.

Competencias profesionales

Conjunto de conocimientos y capacidades que permiten el ejercicio de la actividad profesional, conforme a las exigencias de la producción y el empleo.

Consejo General de la Formación Profesional

Se trata de un órgano consultivo donde participan las organizaciones sindicales y empresariales, así como las Administraciones Públicas en materia de Formación Profesional.

Contenido formativo

Conjunto de conocimientos o habilidades que el alumnado debe alcanzar para el logro de los objetivos propuestos.

Contenidos transversales

Abarcan varias disciplinas y, por ello, han de ser trabajados complementariamente. Están insertados en la dinámica diaria de enseñanza-aprendizaje, impregnando la totalidad de las actividades de las acciones formativas.

Cualificación

Expresión formal de habilidades profesionales del empleado.

Cualificación profesional

Conjunto de competencias profesionales con significación para el empleo, que pueden ser adquiridas mediante formación modular y otros tipos de formación y a través de la experiencia laboral.

Datos de identificación

Se corresponden con la denominación del módulo formativo, el nivel para el que cualifica, su código, la unidad de competencia dentro de la cualificación a la que se encuentra asociado y la duración (expresada en horas).

Dinámica de grupo

Hace referencia a las actividades que se pueden llevar a cabo con un grupo en un proceso de enseñanza-aprendizaje, para la realización de actividades lúdicas, terapéuticas, etc.

Discente

Es el que aprende, es el estudiante, que va a cumplir deberes y va a tener derechos, por lo tanto la aplicación de ambos va a ser que el centro del proceso formativo con sus componentes bio- psico- sociales y espirituales con la formación o capacitación, lo va a integrar a la sociedad.

Evaluación

Proceso sistemático de identificación, recogida o tratamiento de datos, sobre elementos educativos, con el objetivo de valorarlos, y sobre dicha valoración, tomar decisiones.

Evaluación por competencias

Proceso de retroalimentación, determinación de idoneidad y certificación de los aprendizajes de los estudiantes de acuerdo con las competencias de referencia, mediante el análisis del desempeño de las personas en tareas y problemas pertinentes.

Evaluar

Señalar el valor de algo, estimar, apreciar, calcular el valor de algo.

Expediente académico del alumno

Documento que recoge las calificaciones e incidencias de los alumnos en el periodo en el que estos cursen las enseñanzas de Formación Profesional.

Familia profesional

Conjunto de cualificaciones en las que se estructura el Catálogo Nacional de Cualificaciones Profesionales, atendiendo a criterios de afinidad de la competencia profesional.

Formación Continua

Es el conjunto de acciones formativas que se desarrollan para mejorar tanto las competencias y cualificaciones de los profesionales en formación como la recualificación de los profesionales ocupados, que permitan compatibilizar la mayor competitividad de las empresas con la formación individual del profesional.

Formación de oferta

Ofrecer a los trabajadores, tanto ocupados como desempleados, una formación ajustada a las necesidades del mercado laboral y que atienda a los requerimientos de productividad y competitividad de las empresas y a las aspiraciones de promoción profesional y desarrollo personal como medio para desempeñar diferentes profesiones y para el acceso al empleo.

Formación en Alternancia con el Empleo

Se define como aquella que tiene por objeto contribuir a la adquisición de las competencias profesionales de la ocupación mediante un proceso mixto, de empleo y formación, que permite al trabajador compatibilizar el aprendizaje formal con la práctica profesional en el puesto de trabajo.

Formación Ocupacional

Hace referencia a que los alumnos y alumnas adquieran una capacitación profesional y social que les permita incorporarse con éxito al mercado laboral, así como que amplíen sus capacidades básicas para proseguir su formación en el oficio o en otras enseñanzas.

Formación Profesional

Acciones formativas que capacitan para el desempeño cualificado de las diversas profesiones, el acceso al empleo y la participación activa en la vida social, cultural y económica.

Formación Profesional

Conjunto de acciones cuyo objetivo es capacitar a las trabajadoras y los trabajadores para el desempeño cualificado de las diversas profesiones, facilitando el acceso al empleo y favoreciendo la participación activa en la vida social, cultural y económica.

Formación Profesional Reglada

Formación destinada a preparar a los alumnos y las alumnas para la actividad en un campo profesional y facilitar su adaptación a las modificaciones laborales que pueden producirse a lo largo de su vida, así como contribuir a su desarrollo personal y al ejercicio de una ciudadanía democrática.

Guías de evidencias

Los instrumentos propuestos por la administración para la evaluación y acreditación de las competencias profesionales adquiridas a través de la experiencia profesional o vías no formales de formación.

Guía didáctica

Documento que orienta el estudio, acercando los procesos cognitivos del alumnado al material didáctico, con el fin de que puedan trabajarlo de forma autónoma.

Habilidades
Consiste en procesos mediante el cual se realizan tareas y actividades con eficacia y eficiencia.

Identificar
Hacer que dos o más cosas, en realidad distintas, aparezcan y se consideren como una misma.

INCUAL
Siglas que definen al Instituto Nacional de Cualificaciones.

Instituto Nacional de las Cualificaciones Profesionales
Instrumento técnico, dotado de capacidad e independencia de criterios, que apoya al Consejo General de Formación Profesional para alcanzar los objetivos del Sistema Nacional de Cualificaciones y Formación Profesional.

Instrumentos para la evaluación
Son aquellos medios que permiten recoger o registrar la información extraída del proceso de evaluación.

Interpretar
Explicar o declarar el sentido de algo y, principalmente, el de un texto. Traducir de una lengua a otra, sobre todo cuando se hace oralmente. Explicar acciones, dichos o sucesos que pueden ser entendidos de diferentes modos.

Medir
Comparar una cantidad con su respectiva unidad, con el fin de averiguar cuántas veces la segunda está contenida en la primera.

Metodología educativa
Procedimientos didácticos que se seguirán para la consecución de los objetivos propuestos.

Módulo formativo
Bloque coherente de formación asociado a cada una de las unidades de competencia que configuran la cualificación acreditada mediante el certificado profesional.

Nombrar
Decir el nombre de alguien o algo. Hacer mención particular, generalmente honorífica, de alguien o algo.

Objetivos
Metas planteadas a las que el alumno debe llegar una vez ha terminado la lección.

Objetivos didácticos
Constituyen el último nivel de concreción de los objetivos propuestos en la programación didáctica. Están constituidos por los objetivos operacionales u operativos. Para los certificados profesionales suponen la concreción de las realizaciones profesionales y los criterios de realización, que constituyen los objetivos generales.

Ordenar
Colocar de acuerdo con un plan o de modo conveniente.

Perfil profesional
Entendido como conjunto de competencias profesionales identificable en el sistema productivo, y reconocido y valorado en el mercado laboral.

Plataforma virtual
Aquellos programas informáticos que integran herramientas para la distribución de contenidos; comunicación, tanto asíncrona como síncrona, entre los diferentes participantes; y gestión y seguimiento del aprendizaje.

Plataforma virtual de aprendizaje
Es un programa de ordenador que se utiliza para la creación, gestión y distribución de actividades formativas a través de la web. Son aplicaciones que facilitan la creación de entornos de enseñanza-aprendizaje, integrando materiales didácticos y herramientas de comunicación, colaboración y gestión educativa.

Proceso de enseñanza-aprendizaje
Se concibe como el espacio en el cual el principal protagonista es el alumno y el docente cumple con una función de facilitador de los procesos de aprendizaje.

Programas públicos de empleo-formación
Tienen como finalidad mejorar la cualificación y posibilidades de empleo de determinados colectivos de desempleados.

Programación didáctica
Planificación del proceso de enseñanza-aprendizaje, mediante la cual se deberán tomar las decisiones sobre qué y cómo se va a enseñar a lo largo de un proceso formativo.

Recurso pedagógico
Cualquier material que en un contexto educativo determinado sea utilizado con una finalidad didáctica o para facilitar el desarrollo de acciones formativas.

Repertorio Nacional de Certificados Profesionales
Documento divulgativo que recoge el Repertorio Nacional de certificados profesionales actualizado. Dicho documento contiene fichas con información relevante de cada certificado en vigor. Los certificados están organizados por familia profesional, área y código, lo que facilita su búsqueda y consulta.

SCORM, *Shareable Content Object Reference Model* (Modelo de Referencia para Objetos de Contenidos Intercambiables y Reutilizables)
Es un modelo creado por la administración americana que agrupa lo mejor de las iniciativas en el desarrollo de plataformas, es el más utilizado a nivel mundial.

Taxonomía
Es la ciencia que trata de los principios, métodos y fines de la clasificación.

Taxonomía de Bloom
Se basa en la hipótesis de que las diferentes operaciones de conocimiento pueden clasificarse en seis niveles de complejidad creciente, cada nivel dependerá de la capacidad del alumnado para desenvolverse adecuadamente en el nivel inmediatamente anterior.

Técnicas cualitativas
Se caracterizan por su integralidad e individualidad, ya que abarcan diversos aspectos y son pensadas en función de las necesidades personales de cada alumno, lo que supone una gran ventaja.

Técnicas cuantitativas
Se basan en agrupar y medir a los individuos muestrales en categorías en función de variables preestablecidas y se validan exclusivamente con criterios estadísticos.

Teleformación
Metodología de impartición que se desarrolla a través de las nuevas tecnologías de la información y comunicación, las cuales posibilitarán la interrelación entre todas las partes implicadas en el proceso de enseñanza-aprendizaje aunque se encuentren en diferentes lugares.

Tutoría

Conjunto de acciones educativas que contribuyen a desarrollar y potenciar las capacidades básicas de los alumnos orientándolos para conseguir su maduración y autonomía y ayudarlos a tomar decisiones. Labor de acompañamiento permanente y orientación al alumno durante el aprendizaje.

Tutorías no presenciales

Tutorías realizadas con base en las Tecnologías de la Información y la Comunicación, destinadas a minimizar los posibles obstáculos que pueden surgir entre el alumnado y docente.

Tutorías presenciales

Aquellas en las que se produce un contacto personal entre el alumno y el docente.

Unidad de Competencia

Agrupación de tareas productivas específicas que realiza el profesional. Son el agregado mínimo de competencias profesionales que pueden ser reconocidas y acreditadas.

Unidad didáctica

Elementos que intervienen en el proceso de enseñanza-aprendizaje con una coherencia metodológica interna y por un período de tiempo determinado.

Bibliografía

Monografías

→ ALLES, M.: *Formador de Formadores. Diseño e implementación. Formación En la Práctica.* Mexico: Ediciones Granica S. A., 2020.

Este libro es un recurso práctico y puede ser una referencia para planificar, tomar decisiones y diseñar de actividades de formación. Proporciona nuevas perspectivas y temas para abordar en el proceso formativo.

→ FERNÁNDEZ Sánchez, E. G.: *Tutorización de acciones formativas para el empleo: estrategias y recursos para el tutor.* Vigo: Ideas propias, 2014.

En este manual, resulta idóneo para el desarrollo de las acciones tutoriales referentes a la formación profesional, en él se analizan los métodos y herramientas adecuadas para una íntegra formación y seguimiento del alumno, así como el correcto tratamiento docente.

→ *Mapa de la oferta de formación profesional en España.* Ministerio de Educación, Secretaría de Estado de Educación y Formación Profesional: Catálogo de Publicaciones del Ministerio, Secretaría General Técnica, 2011.

Este documento versa sobre la importancia de la educación en general, y sobre la Formación Profesional en particular, situación, necesidades, demanda, etc.

→ SOLBES i Monzó, R.: *Programaciones didácticas para FP: manual de diseño y desarrollo de una programación didáctica basada en competencias contextualizadas.* Valencia: Nau llibres, 2014.

Este manual permite elaborar una programación didáctica acorde al medio y a las circunstancias específicas del alumnado.

→ TIGRERO Vaca, J. W.: *Perspectivas Pedagógicas: Desarrollo de competencias para la era digital.* JLA Ediciones Ec. & N.Y., 2020.

Este libro analiza las competencias digitales necesarias en la educación actual, y cómo la tecnología se adapta a este contexto. Examina los nuevos roles de profesores y estudiantes, junto con la importancia del trabajo colaborativo entre docentes.

→ RAMOS, J.: *Cómo crear y vender cursos online*. XinXii, 2019.

Este libro recoge los pasos necesarios para diseñar, crear, promocionar y comercializar cursos *e-learning*.

→ VV. AA.: *Introducción a la metodología didáctica*. Tenerife: Servicio Canario de Empleo, 2010.

Este manual plasma la introducción a la metodología didáctica, desde la impartición de acciones formativas, hasta la evaluación de la formación.

→ VV. AA. *Plan de Capacitación Digital de Andalucía 2022-2025*. Vuela, 2022.

Plan propuesto por la Junta de Andalucía, en colaboración con otras entidades como la Agencia Digital de Andalucía, para contribuir a la mejora de las competencias digitales de la ciudadanía.

→ VV. AA.: *Proceso y método para la programación y diseño de unidades didácticas y entornos de aprendizaje de un módulo profesional*. Bilbao: Instituto Vasco de las Cualificaciones y Formación Profesional, 2008.

En esta guía se ofrece una propuesta de programación y distribución de un módulo profesional siguiendo una secuencia didáctica.

Legislación

→ Ley 30/2015, de 9 de septiembre, por la que se regula el Sistema de Formación Profesional para el empleo en el ámbito laboral.

Tiene por objeto regular, en el marco general del Sistema Nacional de las Cualificaciones y Formación Profesional, la planificación y financiación del sistema de formación profesional para el empleo en el ámbito laboral, la programación y ejecución de las acciones formativas, el control, el seguimiento y el régimen sancionador, así como el sistema de información, la evaluación, la calidad y la gobernanza del sistema, conforme a los fines y principios establecidos.

Ha acometido una reforma integral del sistema que garantiza el interés general y la necesaria estabilidad y coherencia que el sistema precisa.

→ Recomendación del Consejo de 22 de mayo de 2018 relativa a las competencias clave para el aprendizaje permanente (2018/C 189/01).

Esta recomendación establece un marco europeo para identificar y desarrollar competencias esenciales para el aprendizaje y la empleabilidad a lo largo de la vida. Así mismo, insta a los estados miembros de la Unión Europea a integrar estas competencias en los sistemas educativos y de formación, así como a promover su desarrollo en todos los ámbitos de la sociedad.

→ Ley Orgánica 3/2020, de 29 de diciembre, por la que se modifica la Ley Orgánica de Educación (LOMLOE)

Esta ley es una reforma educativa que busca mejorar la equidad, la inclusión y la calidad del sistema educativo en España, tomando como base la LOE.

→ Ley Orgánica 3/2022, de 31 de marzo, de ordenación e integración de la Formación Profesional.

Esta ley reorganiza el sistema de Formación profesional y deroga parte de la normativa anterior vigente, además de introducir nuevos elementos en la Oferta de Formación profesional.

→ Ley Orgánica 2/2006, de 3 de mayo, de Educación.

Establece como objetivo prioritario adecuar la educación a la realidad actual en España.

→ Real Decreto 659/2023, de 18 de julio, por el que se desarrolla la ordenación del Sistema de Formación Profesional

El real decreto establece la ordenación del Sistema de Formación Profesional para fortalecer la economía y adaptarse a las necesidades laborales, mediante la colaboración entre las administraciones autonómicas.

→ Real Decreto 62/2022, de 25 de enero, de flexibilización de los requisitos exigibles para impartir ofertas de formación profesional conducentes a la obtención de certificados de profesionalidad, así como de la oferta de formación profesional en centros del sistema educativo y de formación profesional para el empleo

Esta normativa establece las bases para flexibilizar los requisitos de los centros para impartir formación profesional y expandir la oferta formativa dentro de los centros educativos para adaptarse a las necesidades del mercado laboral, como parte del Plan de modernización de la formación profesional, que busca satisfacer las demandas del sector productivo y no puede avanzar sin la flexibilidad propuesta en el presente real decreto.

→ Real Decreto 546/2023, de 27 de junio, por el que se establecen determinadas cualificaciones profesionales de las familias profesionales Actividades Físicas y Deportivas; Agraria; Artes y Artesanía; Comercio y Marketing; Edificación y Obra Civil; Electricidad y Electrónica; Energía y Agua; Fabricación Mecánica; Hostelería y Turismo; Informática y Comunicaciones; Instalación y Mantenimiento; Química; Seguridad y Medioambiente; y Transporte y Mantenimiento de Vehículos, que se incluyen en el Catálogo Nacional de Cualificaciones Profesionales, y se suprimen determinadas cualificaciones profesionales establecidas por determinados reales decretos.

El propósito de este real decreto es definir ciertas cualificaciones profesionales que están en el Catálogo Nacional de Cualificaciones Profesionales y eliminar seis cualificaciones profesionales.

- Real Decreto 694/2017, de 3 de julio, por el que se desarrolla la Ley 30/2015, de 9 de septiembre, por la que se regula el Sistema de Formación Profesional para el Empleo en el ámbito laboral.

  Tiene por objeto el desarrollo de la Ley 30/2015, de 9 de septiembre, por la que se regula el Sistema de Formación Profesional para el Empleo en el ámbito laboral, y, en el marco del Sistema Nacional de Cualificaciones y Formación Profesional y del Sistema Nacional de Empleo.

  En particular, tiene por objeto la regulación de las iniciativas y programas de formación profesional para el empleo, los requisitos y límites de las acciones formativas, sus destinatarios y la forma de acreditación de las competencias adquiridas por los trabajadores, así como los instrumentos del sistema integrado de información y el régimen de funcionamiento del sistema de formación profesional para el empleo.

- Real Decreto-ley 4/2015, de 22 de marzo, para la reforma urgente del Sistema de Formación Profesional para el Empleo en el ámbito laboral.

  Tiene por objeto regular la planificación y financiación del sistema de formación profesional para el empleo en el ámbito laboral, la programación y ejecución de las acciones formativas, el control, el seguimiento y el régimen sancionador, así como el sistema de información, la evaluación, la calidad y la gobernanza del sistema.

- Real Decreto 1529/2012, de 8 de noviembre, por el que se desarrolla el contrato para la formación y el aprendizaje y se establecen las bases de la formación profesional dual.

  Su objeto es el desarrollo reglamentario del contrato para la formación y el aprendizaje, regulado en el artículo 11.2 del texto refundido de la Ley del Estatuto de los Trabajadores, aprobado por Real Decreto Legislativo 1/1995, de 24 de marzo.

- Real Decreto 1675/2010, de 10 de diciembre, por el que se modifica el Real Decreto 34/2008, de 18 de enero, por el que se regulan los certificados de profesionalidad y los reales decretos por los que se establecen certificados de profesionalidad dictados en su aplicación.

- Real Decreto 229/2008, de 15 de febrero, por el que se regulan los Centros de Referencia Nacional en el ámbito de la Formación Profesional y de la Red de Centros de Referencia Nacional.